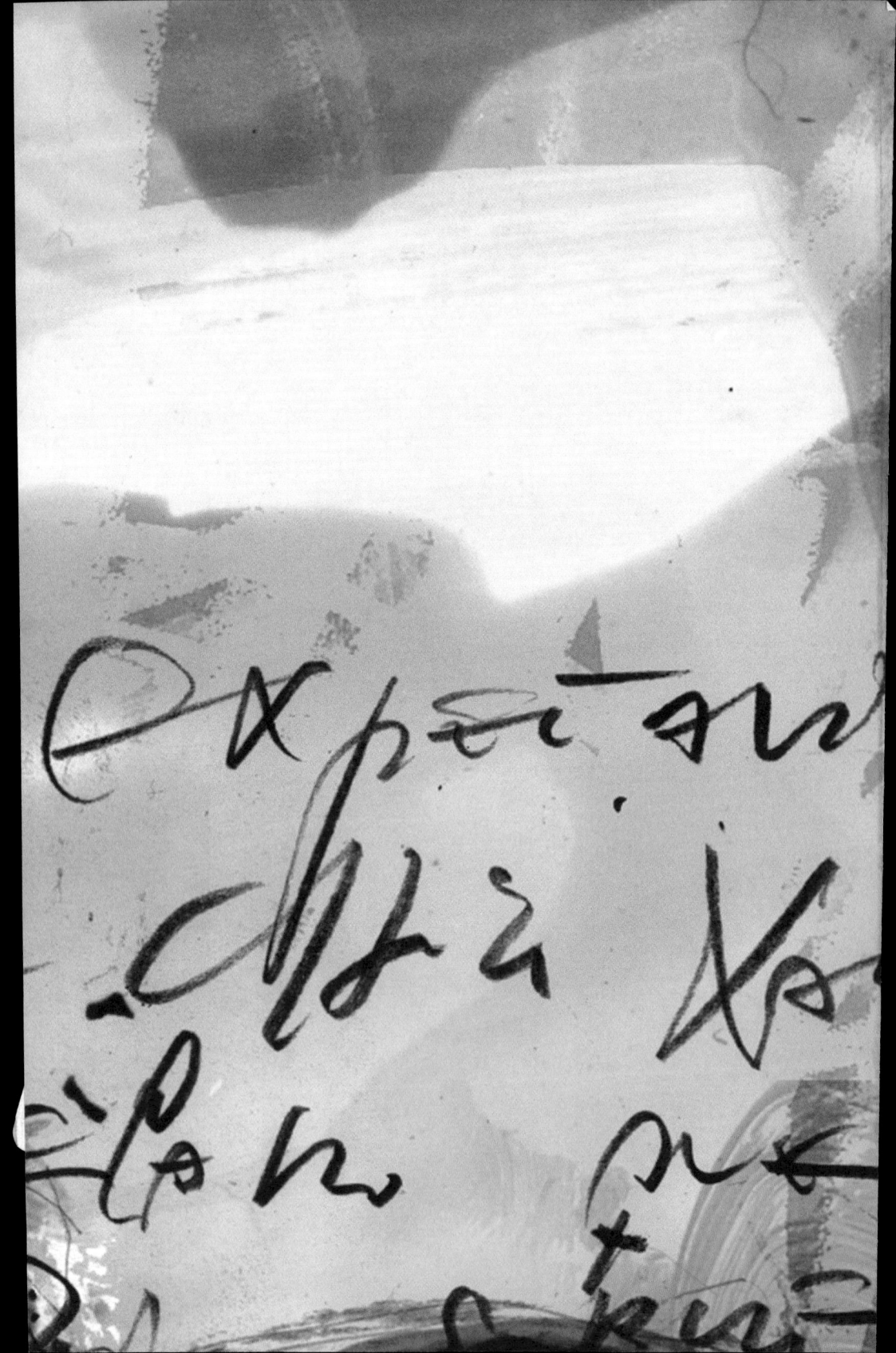

NOSSO CHICO

Saulo Gomes

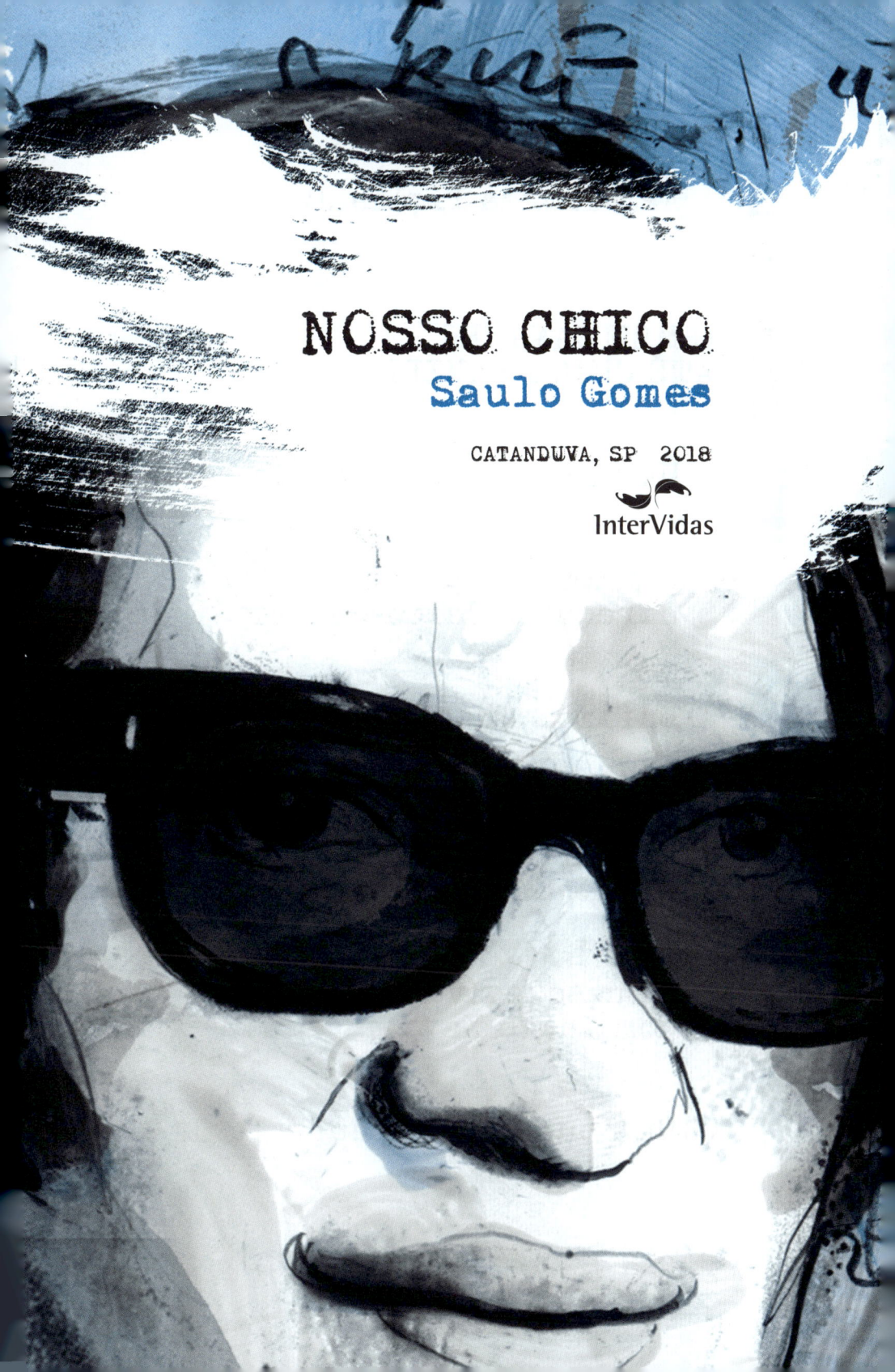

NOSSO CHICO

Saulo Gomes

CATANDUVA, SP 2018

InterVidas

As maiores lições da vida

DEPOIS DE MUITAS TENTATIVAS PARA ENTREVISTAR CHICO Xavier, tive a surpresa e a felicidade de receber um recado para que eu fosse ao seu encontro em maio de 1968.

Nos primeiros momentos da conversa, senti o perfume de flores em cada canto da Comunhão Espírita Cristã – em Uberaba, estado de Minas Gerais –, instituição onde ele desenvolvia as atividades espíritas.

Não percebi, mas fiquei horas nessa conversa em que ele fez revelações sobre o Brasil e o mundo, mostrando a sua preocupação com o destino da humanidade.

Naquela ocasião, conheci um ser humano único em sua maneira de ser e de conviver, que dizia:

> "Nasci para fazer o bem e peço a Deus que me conserve assim. Nasci para servir."

E citava a máxima de Allan Kardec:

"Fora da caridade não há salvação."

Ainda que debilitado fisicamente, Chico afirmava que a dor dos outros era muito maior. E repetia as palavras do Cristo:

"Amai-vos uns aos outros como eu vos amei."

Chico insistia em dizer que ele tinha muito a aprender. Mas todos os que o conheceram receberam dele grandes ensinos.

Ao longo de décadas de convivência com esse extraordinário homem, aprendi algumas das maiores lições da minha vida.

Agora, você também tem a oportunidade de aprender e encantar-se com o "Nosso Chico"!

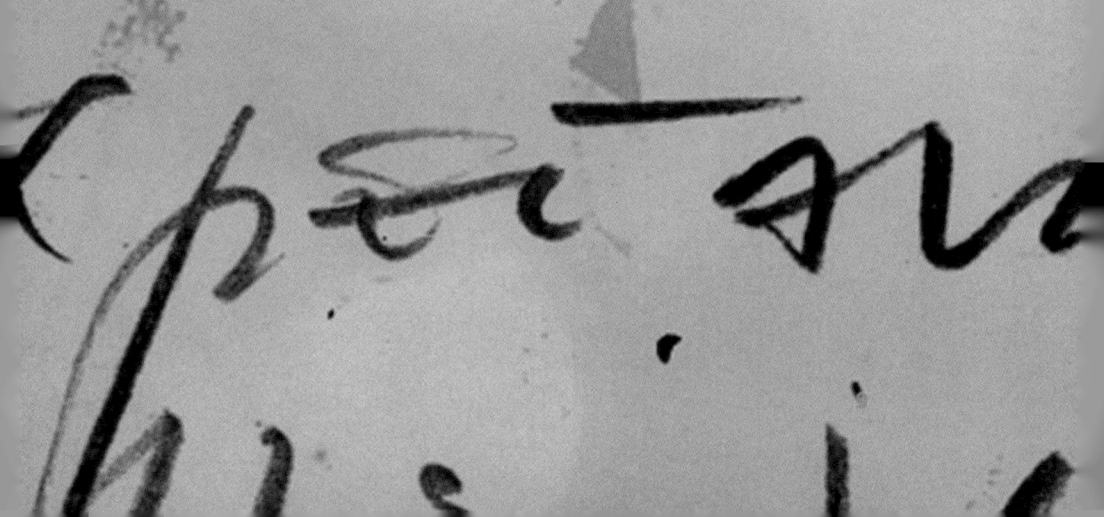

PARTE I

O MEU CAMINHO ATÉ CHICO XAVIER

Um tal de Chico Xavier

EM 1947, O GOVERNO DUTRA FECHOU OS CASSINOS NO BRASIL. Foi um golpe mortal para um dos pontos artísticos mais importantes do país: o Cassino da Urca, no Rio de Janeiro. O local, no entanto, não perdeu a sua aura cultural: tornou-se, anos depois, sede da gloriosa TV *Tupi*. Foi lá que ouvi um conselho profissional que marcou a minha vida.

A *Tupi* exibia um famoso programa chamado *As Grandes Reportagens*, sob direção de David Nasser. Eram reportagens semanais sobre temas diversos. Em 1961, quando eu ainda tinha menos de um ano de televisão (havia passado pela TV *Continental*, e já tinha cinco anos de experiência em rádio), fui convidado a ser repórter especial do programa.

Lá, minha primeira grande reportagem foi sobre garimpeiros assassinados por índios gorotire e kubenkokre (ambos da nação caiapó), no Pará. O fato abalou o Brasil. Houve grande repercussão na imprensa escrita, mas a história ainda era inédita na TV. Referindo-se a mim como *o repórter das grandes aventuras*, Nasser enviou-me para lá com um fotógrafo. Como havíamos calculado, a matéria fez um enorme sucesso no programa.

Depois dessa reportagem, participei de uma outra reunião de pauta com Nasser e alguns colegas da equipe. Membro mais novo entre eles, ouvi de Nasser um conselho que ele insistia em dar a todos. Do alto da sua experiência (era quinze ou vinte anos mais velho que eu), ele disse: "Saulo, vou falar a você o que tenho aconselhado a tantos outros novos profissionais. O jornalismo é um trabalho de responsabilidade colossal. Sempre que você quiser denunciar uma pessoa, uma instituição, o que seja, apure muito os fatos, verifique o peso de cada palavra, reflita antes de publicar. Cuidado para não desonrar o jornalismo, para não prejudicar quem não merece... Para você não ter que viver com o peso da culpa em sua consciência."

Foi um conselho muito prudente, que vale para qualquer profissional. Era natural que o diretor do programa dissesse aquilo. Mas senti *algo mais* naquela observação. Detectei mais que a intenção de um diretor de querer lapidar a qualidade profissional de um membro da sua equipe. Havia um tom de amargura nas palavras de Nasser; ele próprio sofria de um peso na consciência. Com vários anos a mais de experiência profissional, tinha a bondade de preocupar-se em não ver algo do gênero acontecer com um colega, e por isso compartilhava aquelas palavras sempre que possível.

Minha dúvida foi esclarecida em seguida. "Vou dar um exemplo", disse Nasser. "Muitos anos atrás, estive em uma pequenina cidade perto de Belo Horizonte para escrever uma matéria. Estavam comigo o Jean Manzon, o meu companheiro de grandes reportagens, e o piloto do avião dos Diários Associados. Ficamos na cidade por alguns dias e fizemos uma reportagem espetacular. Em princípio, foi tudo ótimo; a revista vendeu bem, logo se esgotou nas bancas. Mas na matéria eu cometi uma injustiça contra um mineiro muito simples, honesto, de bom caráter. Eu acabei com ele no texto, ridicularizei, escrachei. Demorei para perceber quem ele *realmente* era. Causei sofrimento a ele, e isso espelhou-se em mim. Até hoje o arrependimento me corrói."

Foi uma injustiça contra quem? "Um tal de Chico Xavier."

Hoje essas palavras soariam chocantes. Ninguém diria "um tal de" ao se referir a Chico Xavier. O Brasil inteiro o conhece, independentemente de ser espírita ou não. Naquela época, entretanto, não tínhamos a mídia onipresente de hoje. Chico era

Naquela época, Chico viajava muitas vezes para o Rio de Janeiro. Frequentava a sede da Federação Espírita Brasileira, onde entregava material para a publicação de livros. Com fama limitada ao meio espírita e imagem desconhecida pelo público, passava despercebido nas suas viagens de trem e nas andanças pelas ruas cariocas.

famoso apenas no meio espírita, e, mesmo assim, não em todas as cidades. Confessei que eu não sabia quem ele era, e o Nasser me explicou.

Com o passar do tempo, observei que a amargura de Nasser em relação a Chico era ainda maior do que eu havia notado naquela reunião de 1961. Ele próprio comentou isso algumas vezes, inclusive publicamente. Por exemplo, em 1980, em um *Globo Repórter*, da TV *Globo*, admitiu a sua culpa no caso e o enorme remorso que sentia.

Você, leitor, deve estar sentindo uma curiosidade ainda maior que a minha, na época, para saber do caso em mais detalhes. Eu, por não conhecer nem mesmo *o nome* Chico Xavier, não estranhei muito terem feito algo grave contra ele. Hoje, você certamente conhece toda a bondade, a seriedade e, por que não dizer, a pureza do Nosso Chico, e por isso é chocante saber que alguém se dispôs a prejudicá-lo.

O Cruzeiro e Chico: a polêmica

Em 1944, Nasser era repórter da famosa revista *O Cruzeiro*. Um dia, decidiu fazer uma matéria sobre Chico Xavier. Se em 1961 Chico era um nome muito restrito ao meio espírita, imagine em 1944. Mas valeria a pena mostrar ao Brasil um pouco daquele homem que chamava a atenção das pessoas na pequenina Pedro Leopoldo, em Minas Gerais, ao comunicar-se com *o além*.

Nasser planejou viajar com o companheiro de reportagens Jean Manzon, fotógrafo, em um pequeno avião bimotor do grupo Diários Associados. No fim, envolveu até o piloto do avião nos seus planos para ludibriar Chico e conseguir levar uma história bombástica à redação.

Capa da edição de 1944.

Os três combinaram um disfarce de equipe de reportagem norte-americana (e não francesa, como afirmam alguns textos). Isso impressionaria muito todo o pessoal de Pedro Leopoldo, o que deveria facilitar o acesso a Chico. Nasser e Manzon seriam repórteres que mal falavam português; o piloto atuaria como "intérprete" (Manzon era francês e, naturalmente, falava mal o português; por isso, para ele, era ainda mais fácil falar com sotaque).

Um contato que tinham no centro Luís Gonzaga, onde se encontrava Chico, passou o recado: dois repórteres norte-americanos chegariam de avião em busca de uma entrevista com o médium.

A equipe chegou na pequenina Pedro Leopoldo, explorou um pouco a cidade e foi até o centro. Chico, solícito, estava à espera deles.

Não houve conversa direta de Chico com Nasser e Manzon. No decorrer de toda a entrevista, o piloto foi o "intérprete" entre eles. Durante o dia, a equipe observou tudo, conseguiu a entrevista e tirou fotos sem que ninguém – muito menos Chico – esboçasse desconfiança em relação a eles.

A ideia era: *se Chico não fosse uma farsa, os Espíritos o alertariam sobre aquele complô.* Mas Chico não foi alertado pelo "tal plano superior", eles pensaram.

Os repórteres, então, preocuparam-se em ir embora logo no dia seguinte. Seria melhor partir quanto antes, para evitar que alguém descobrisse a farsa. Talvez corressem perigo se a verdade fosse exposta enquanto eles estivessem em Pedro Leopoldo. Chico já era muito famoso e respeitado na cidade, e a população poderia se revoltar.

Na despedida, Chico deu a cada um deles um exemplar do livro *Parnaso de além-túmulo*. Fez questão de autografar todos.

O livro *Parnaso de além-túmulo* fora lançado doze anos antes, em 1932. Era o primeiro livro psicografado por Chico.

Enfim, a equipe voltou ao avião. Os livros, desprezados, foram jogados dentro das malas. Vitoriosos, Nasser e os companheiros levantaram voo com destino ao Rio de Janeiro.

Uma surpresa para a equipe

Nasser e os dois companheiros só comemoravam. A matéria, sem dúvida nenhuma, seria um sucesso. Questionamentos polêmicos estariam no ar, a editora apreciaria as vendas daquela edição, a moral da equipe subiria na redação. Mas... a história não se resumiu a isso. A equipe teve uma impressionante surpresa depois da viagem a Pedro Leopoldo. Foi mais uma prova da bondade e da seriedade dos trabalhos de Chico com a espiritualidade.

Lembre-se: antes que eles deixassem a cidade, Chico deu-lhes exemplares do livro *Parnaso de além-túmulo*. Os três ignoraram o presente, jogando-o na mala. Depois, em casa, continuaram a ignorar o livro.

Dois dias depois do regresso, Manzon telefonou para Nasser. De madrugada. Aflito. "Nasser, você por acaso abriu o livro que Chico nos deu?" A resposta, como Manzon esperava, foi negativa. Ao ouvir o que afligia o amigo, Nasser correu para pegar o próprio livro. E... também ficou espantado.

Nas dedicatórias, Chico escrevera *o nome real* de cada um deles! *Sabia, o tempo todo, quem eles eram!* Mais espantoso ainda: *as dedicatórias foram assinadas pelo Espírito Emmanuel!* Nasser leu:

```
"Ao meu irmão David
Nasser, de Emmanuel".
```

Se isso acontecesse hoje, na era da informação, com a mídia onipresente, seria fácil imaginar como Chico descobrira a verdade. *Mas estamos falando de 1944*. O acesso a informações era extremamente precário. Os integrantes da equipe não eram figuras conhecidas – tudo se limitava à imprensa escrita e à rádio, e não havia divulgação de imagens de profissionais. Em nenhum momento, eles se identificaram usando os seus nomes verdadeiros na cidade – nem mesmo para o contato que os levara até Chico.

Como explicar essa bombástica surpresa?

Além de arrependimento, Nasser corroeu-se de *espanto*. Morreu sem entender a dedicatória. No citado *Globo Repórter* de 1980, disse, muito sério: "Por coisas assim, é que eu tenho muito medo de me envolver em assuntos de espiritismo."

Nasser levou essa ideia à risca – tanto que morreu, em 1980, sem nunca ter procurado um novo contato com Chico para desculpar-se. Nem mesmo um telefonema, ou uma carta. Além do espanto, a extrema vergonha pelo ocorrido deixou-o sem nenhuma coragem para isso.

Por fim, é interessante notar que Chico sabia do engodo, mas entristeceu-se, depois, com o conteúdo da reportagem. Talvez não imaginasse tanto cinismo no texto. Segundo consta, o Espírito Emmanuel falou com ele sobre isso: "Foi falta de cuidado sua, Chico. Vaidade." Nós, humanos... sempre aprendendo...

A matéria

O título da matéria era "Chico, detetive do além". Como previsto, a união de uma revista famosa e de um texto sobre um médium gerou muitas vendas. A repercussão foi grande no Brasil dos anos 1940.

É claramente perceptível o sensacionalismo presente em diversos trechos da matéria, principalmente nas legendas das fotos. Chega-se a afirmar que a catarata em um olho de Chico foi causada pela leitura intensa!

Com a devida autorização dos Diários Associados, segue, na íntegra, a reprodução da matéria de 1944:

CHICO XAVIER SE CONCENTRA! Suas mãos ossudas espremem a testa. Seu pensamento vaga pelas regiões perdidas do além. Por que será que nunca vem o espírito de um pintor, de um músico? ou de um matemático?

"Chico Xavier se concentra! Suas mãos ossudas espremem a testa. Seu pensamento vaga pelas regiões perdidas do além. Por que será que nunca vem o espírito de um pintor, de um músico? ou de um matemático?"

Chico Xavier, detetive do além

Fotos de Jean Manzon • Texto de David Nasser

Era uma vez um moço ingênuo e feliz, vivendo numa cidadezinha ingênua e feliz, perto de Belo Horizonte. O moço se chamava Francisco Cândido Xavier e não desmentia o nome. A cidadezinha, Pedro Leopoldo, arrastava suas horas de doce paz, entre as missas de domingo e a chegada do trem da capital. Não se sabe como, numa noite ou num dia, Chico se mostrou inquieto e desandou a escrever. Terminando, disse, apenas, à família assustada: "Não fui eu. Alguém me empurrava a mão." Desde esse dia ou essa noite, Chico Xavier perdeu o sossego e também o de sua cidade. Turistas chegavam, atraídos pela fama do moço profeta. Pedro Leopoldo ia crescendo e Chico Xavier ia ficando importante. Nunca mais teve paz. Nunca mais pôde sair, pela rua, sem ouvir um pedido de saúde ou uma prece de gratidão. Se ao menos fosse só isso. Era mais, muito mais. Eram os curiosos do Rio, de São Paulo e de Belo Horizonte, pedindo consultas ou detalhes pelo telefone interurbano. Era a legião de repórteres em busca de novas mensagens. O representante da editora insistindo por outros livros. Os centros espíritas de todo o país solicitando pormenores. Uma vida infernal, agitada, barulhenta sacudia o pobre rapaz. As luzes dos lampiões da cidadezinha nunca mais dormiram sem a presença de um estrangeiro, rondando pelas ruas dantes tão sossegadas.

Essa reportagem que damos ao público fixa, precisamente, a violenta mudança de vida de Chico Xavier e da cidade de Pedro Leopoldo. Não nos interessa, embora pareça estranho, o médium Chico Xavier, mas a sua vida. Os seus trabalhos psicografados – ou não psicografados – já foram assunto de milhares de histórias, divulgadas desde 1935. Se são reais ou forjados, decidam os cientistas. Se ele é inocente ou culpado, dirão os juízes. Se ele é casto, instruído, bondoso, calmo, diremos nós. Porque não somos detetives do além.

•

Se os espíritos nos ouvem, eles sabem que você, Jean Manzon e eu não acreditamos em suas mensagens, nem desacreditamos de suas virtudes literárias.

A verdade é que não temos a bravura indispensável para avançar sobre o terreno pantanoso do outro mundo e analisar suas reais ou irreais comunicações utilizando aparelhos de escuta, como este pálido e sensitivo Chico Cândido Xavier. Desde que saímos daqui, levamos a inabalável determinação de fazer uma reportagem sem complicações, apesar do assunto, em sua natureza extraterrena, mostrar-se absolutamente complicado. Assim é que o senhor, amigo, chegará ao fim destas linhas sem obter a certeza que há tanto tempo procura: "É Chico Xavier um impostor ou não é?" E dirá: "Dei mil e quinhentos por esta revista e não consegui desvendar o mistério!" Sim, o mistério continuará por muito tempo. Eternamente. E Chico Xavier morrerá, sem revelar o segredo de sua extraordinária habilidade em escrever de olhos fechados, se é mágico, ou de seu fantástico virtuosismo, em chamar, além das fronteiras da morte, as almas dos imortais, fazendo-os recordar os velhos tempos da Academia. A intenção dessa reportagem é mostrar o homem. Sem o espírito dentro de si, nos momentos vulgares, Chico Xavier é adorável, cândido, maneiroso, humilde, um anjo de criatura. A frase de uma vizinha define melhor: "Sabe, moço? O Chico é um amor." Justamente desse tipo desconhecido, da parte anônima de sua devassada vida, é que tratamos, na hora e meia que permanecemos em Pedro Leopoldo. Para começar, diremos que Chico nunca teve uma namorada.

O tempo de viagem de Belo Horizonte a Pedro Leopoldo não vai além de hora e meia. A meio caminho, encontramos a fazenda federal onde Chico Xavier é datilógrafo. O motorista não quer entrar. "Aí, não. Até os zebus são atuados." O diretor, Rômulo, está na horta, sozinho. Ele nos dará, talvez, esclarecimentos sobre a vida de Chico e, quem sabe, facilitará o encontro com o sensitivo. Ouve o pedido. Depois, lentamente, abana a cabeça e o seu "não" é inflexível, desde o primeiro minuto. Alega um milhão de coisas. Que Chico anda cansado e precisa repousar. Um de nós lembra a possibilidade dele, diretor, dar umas férias a Chico. "O

Chico funcionário nada tem a ver com o outro Chico." Apresentadas as despedidas, ele adverte: "Não creio que será possível aos senhores um encontro com ele. Creio que vão esperar até sexta-feira."

Voltamos a deslizar pela estrada, neste sábado negro. A cidade aparece depois de uma curva. "Onde fica a casa do Chico Xavier?" O menino aponta a igreja. "Ali, na rua da matriz. Ele mora com a família." Encontraríamos, em várias oportunidades, a mesma designação do pessoal do município: ele. Todos apontavam Chico, sem recorrer ao nome. Ele só podia ser ele. "Minha irmã foi curada por ele."

"O sensacional flagrante de Chico na banheira! Ele procurava as almas, quando Jean Manzon o surpreendeu, obtendo um impressionante documento para o próximo julgamento. Os adversários do espiritismo afirmam que é uma prova da farsa. Os espíritas, que é outra prova: o espírito desce seja onde for."

Ei-lo aqui, diante de nós. Veio a pé da fazenda e em sua companhia um senhor do Rio, que algumas vezes vem passar semanas com o médium. "Gosto de falar com ele. É um rapaz de cultura. Discute vários assuntos, lê um pouco de inglês e de francês. Devora os livros com fúria. Trouxe-lhe, há dias, *O homem, esse desconhecido*, e ele não gastou mais de quatro horas e meia para ler o volume gordo. É um prazer para ele. Seu único amor é o espiritismo."

Chico, perto de nós, não está ouvindo a palestra. Conversa com Jean Manzon. Devo esclarecer que, para fazer essa reportagem, não dissemos

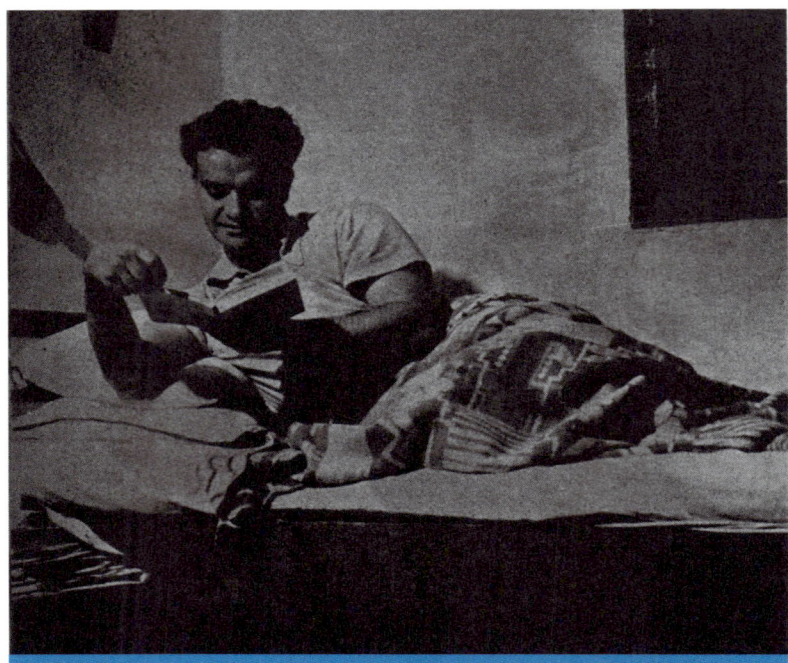

"Ele lê e muito! Dizia-se que Chico é um ignorante, analfabeto, pouco amante das belas letras. Pura invenção. Chico lê tanto que um dos seus olhos foi atingido por cruel catarata, inoperável. Mesmo assim, continua lendo. *O homem, esse desconhecido* foi devorado em quatro horas, apesar das quinhentas e tantas páginas."

qual a organização jornalística em que trabalhávamos. Queríamos ver se o espírito adivinhava. Não houve oportunidade.

Chico parece ser um bom sujeito. Suas ações, mesmo além do terreno religioso propriamente dito, são ações que o recomendam como alma pura e de nobres sentimentos. Vão dizer, os espíritas, que é natural: todo o espírita dever ser assim. Sei de um que não teve dúvida em abandonar a esposa, o lar, sete filhos, um dos quais doente do pulmão. "Na rua, entre seus irmãos de seita – disse-me um dos filhos –, ele se mostrava esplêndido, generoso, cordial. Em casa, por pouco não botava fogo nas camas, à noite. Parecia um verdadeiro demônio. Guardava até alface no cofre-forte."

Já o Chico não é assim. Sua nobreza de caráter principia em casa. Todos os seus irmãos e irmãs louvam a sua generosa e invariável linha

"Outra peça de notável valor documentário é esta: a biblioteca de Chico, onde encontramos livros de muitos autores, escritos na vida de seus criadores. Esses mesmos cavalheiros transmitem, segundo Chico, novas e diárias mensagens. Chico, na gravura, aparece copiando trechos de livros que mais o agradam."

de conduta, protegendo-os, hora a hora, dia a dia, através dos anos, trabalhando como um mouro. Um de seus sobrinhos sofre de paralisia infantil. Atirado a um berço, chora eternamente. Somente o Chico vai lá, fazer companhia ao garoto, às vezes uma noite inteira.

— Chico!

— Que é, meu senhor?

— Você lê muito?

— Não. Só revistas e jornais.

— O outro disse...

— Disse o quê?

— Nada.

•

Ele nos olha, surpreso, quando a pergunta, como um busca-pé, sai correndo pela sala:

— Você não pensa em se casar, Chico?

— Eu, casar? (Dá uma gargalhada) – Claro que não.

— Não namora?

— Nunca.

— Por quê?

— Não há razões. Não gosto. Tenho outras preocupações. Ora, eu namorando... Tinha graça...

— Chico...

— Que é?

— É verdade que o padre desafiou você para um duelo verbal?

— Ele disse pra eu ir à igreja discutir. Não é lugar próprio.

— Você gosta do padre, Chico?

E ele, o ingênuo e feliz Chico, respondeu:

— Ué, eu gosto do padre, mas ele não gosta de mim.

— Chico...

— Que é?

— Onde estão suas mensagens?

— Um irmão levou tudo, em vista de tantas complicações.

— Você vai ao Rio?

E' FORA DE DÚVIDA que Chico
Xavier escreve, de olhos fechados, com surpreendente facilidade e, ainda de olhos fechados,
faz a pontuação. De onde lhe
virá essa virtude? Do astral? Ou
é apenas uma habilidade, embora excepcional e rara? Para o
Chico não há teses nem regras. Para os espíritas êle é uma
tese e uma regra. Sem discussão.

(Continua)

"É fora de dúvida que Chico Xavier escreve, de olhos fechados, com surpreendente facilidade e, ainda de olhos fechados, faz a pontuação. De onde lhe virá essa virtude? Do astral? Ou é apenas uma habilidade, embora excepcional e rara? Para o Chico, não há teses nem regras. Para os espíritas, ele é uma tese e uma regra. Sem discussão."

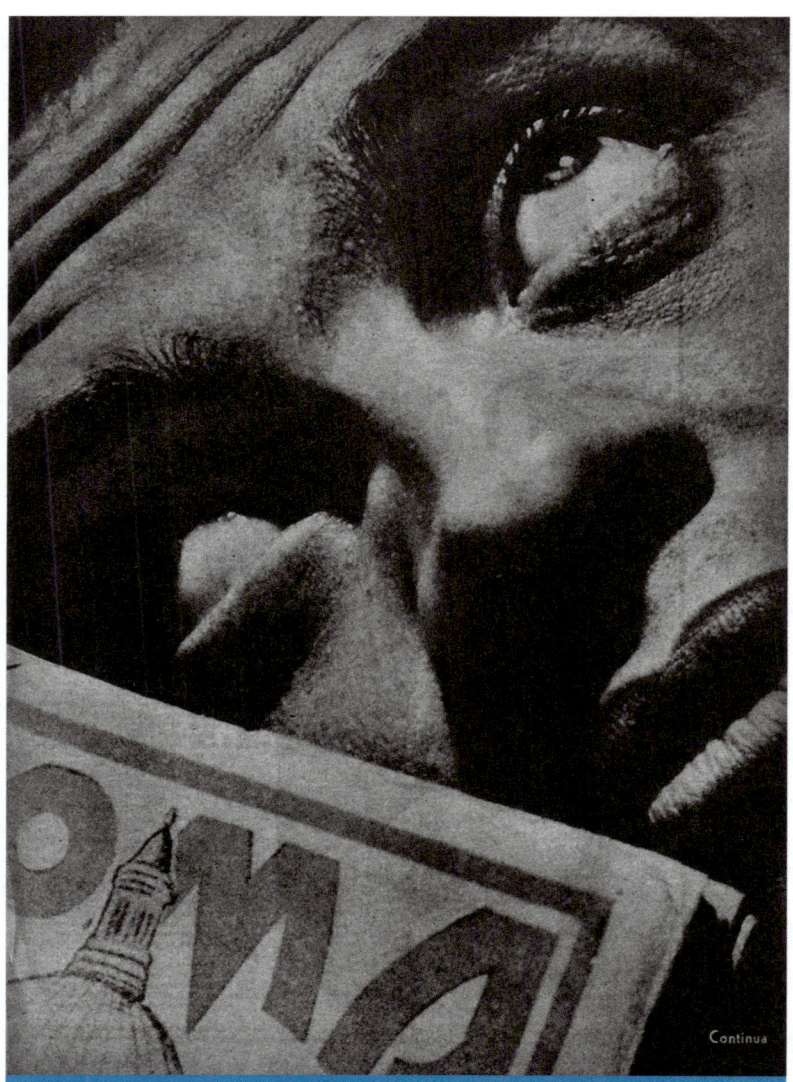

Continua

"Nos momentos de transe, os seus olhos se fecham ou se tornam nublados, como os de um morto. Dizem os adeptos de Kardec que a alma chegou. Dizem os céticos que é um caso médico. De qualquer forma, é impressionante ver aquele homem de pupilas brancas. Que dirão os juízes?"

— Até agora, nada resolvemos. Possivelmente, mandarei uma procuração.

Numa estante, os livros de Chico. Versos de Guerra Junqueiro, Tolstói e uma porção de autores mortos. Na sala do lado está a mesa onde ele recebe as mensagens. Uma papelada branca, pronta para ser coberta pelas mensagens do outro mundo. Sexta-feira houve mais uma sessão, desta vez presidida pelo chefe do executivo municipal. Humberto de Campos não compareceu, mas o Emmanuel, guia de Chico, lá estava. Quem é Emmanuel? Um romano que existiu na mesma época de Jesus e conta um mundo de coisas interessantes sobre a Terra, naqueles tempos de há dois mil anos.

— Ele dita?

— Vou psicografando as mensagens. Há outros médiuns, como um norte-americano, que ouve as vozes dos espíritos tão alto que os presentes também escutam. Eu ouço. Os outros que estão perto não.

— Chico...

— Que é?

— Já teve oportunidade de falar com espíritos de homens célebres?

— Homens célebres?

— Napoleão, para dar um exemplo, já falou contigo?

— Que eu saiba, não. Os assuntos bélicos não são frequentes nas mensagens que recebo do além. Há seis anos, entretanto, meu guia Emmanuel previu os principais acontecimentos que hoje revolucionam a Terra. Ele disse: "A vitória da força é fictícia."

O cavalheiro do Rio acode:

— E o próprio Chico, meses antes, previu a queda da Itália. Ele disse, categoricamente, que a Itália seria a primeira a cair. E a Itália foi a primeira a cair.

·

Pedro Leopoldo é a cidadezinha de uma rua grande e uma porção de ruas pequenas, convergindo para ela como servos humildes de um rio principal. A casa de Chico é a melhor do lugar, mas, mesmo assim, não oferece bastante conforto. Três quartos, sala e cozinha. O banheiro é lá fora, no fundo do quintal, ao lado do galinheiro. Chico se levanta de madrugada e vai dar milho às galinhas. Depois, sua irmã solteira faz o café, que ele toma com pão dormido, porque o padeiro ainda não chegou.

"Todas as noites, Chico recebe mensagens durante duas ou três horas. Ei-lo com a papelada onde escreverá os seus romances ou livros do mundo das trevas. Senta-se e enche infatigavelmente as páginas com uma velocidade alucinante."

"O guarda-chuva na parede, o lampião suspenso, Chico acorda altas horas a chamado de seu guia, Emmanuel, um cidadão que viveu na época de Jesus Cristo. O médium, nesse instante, dá uma impressão diferente, fantástica e terrível."

Apanha a pasta de documentos da fazenda federal, e vai andando pela estrada, ainda coberta pela neblina. Volta para almoçar às onze horas. O expediente se encerra às dezoito horas, mas Chico, nestes dias de maior trabalho, faz serão. Sua vida é frugal.

— Quero que compreendam o seguinte: não vivo das mensagens de além-túmulo. Tenho necessidade de trabalhar para sustentar minha família. Se quase me dedico inteiramente a receber as comunicações,

"Um rapaz feliz era o Chico Xavier de outrora. Vivia a sua vida simples e ingênua na sua cidadezinha. De repente, começaram a aparecer as mensagens, e tudo se transformou. 'Nunca mais tive paz. Nunca mais tive sossego. Telefonemas do Rio e de toda a parte. Peregrinos de vários estados.' Um verdadeiro pandemônio."

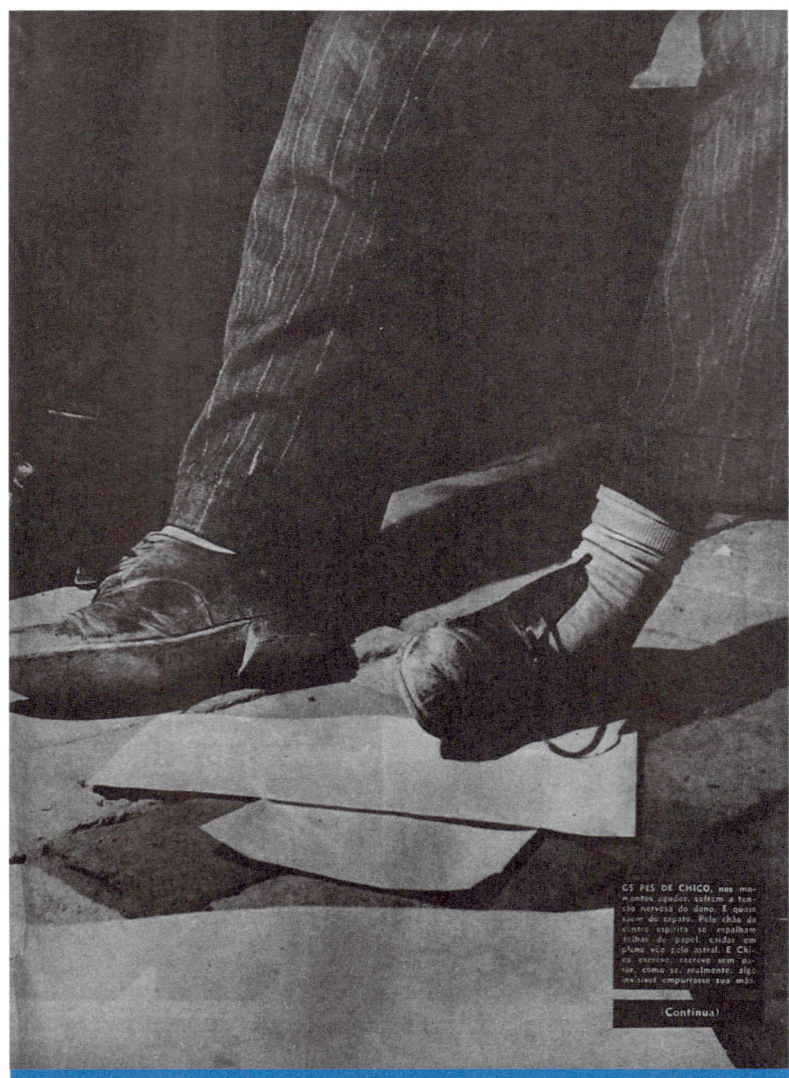

OS PÉS DE CHICO, nos momentos agudos, sofrem a tensão nervosa do dono. E quase saem do sapato. Pelo chão do centro espírita se espalham folhas de papel, caídas em pleno voo pelo astral. E Chico escreve, escreve sem parar, como se, realmente, algo invisível empurrasse sua mão.

(Continua)

"Os pés de Chico, nos momentos agudos, sofrem a tensão nervosa do dono. E quase saem do sapato. Pelo chão do centro espírita se espalham folhas de papel, caídas em pleno voo pelo astral. E Chico escreve, escreve sem parar, como se, realmente, algo invisível empurrasse sua mão."

ainda se entende. O pior, entretanto, é a onda de gente que vem do Rio, de São Paulo e de todos os estados.

— Peregrinos?

— Mais ou menos. Não posso deixar de recebê-los, pois fico pensando que vieram de longe e necessitam de meu consolo. Isso leva tempo, toma tempo. Como se não bastassem essas preocupações, o telefone interurbano não para dia e noite. "Chico, Rio está chamando... Chico, Belo Horizonte está chamando... Chico, São Paulo está chamando... Chico,

"'Voltarei a ser o Chico de outrora', proclama Chico Xavier. Na verdade, continua sendo agradável, bom e simpático. Trabalha numa fazenda e, antes de sair, almoça perto do fogão. Anda três quilômetros e bate na máquina até o escurecer. Na volta, sua irmã solteira o espera, como se fosse mãe carinhosa."

Cachoeira está chamando..." Evito atender, mesmo constrangido. Meu Deus! Eu não quero nada, senão a paz dos tempos antigos, o silêncio de outrora. Quero ser de novo aquele Chico sossegado e tranquilo que apenas se preocupava com as coisas simples...

— Impossível a viagem de volta...

— Impossível? Não, não é impossível. Eu voltarei a ser aquele sossegado Chico. Não tenha dúvida.

O repórter imagina, a essa altura, que ele acredita na possibilidade de suas comunicações com o além serem repentinamente suspensas. Vai perguntar ao Chico, mas uma senhora de cor negra entra na sala, carregando um benjamim de olhos assustados.

— Trago para o senhor, seu Chico...

Ele segura com trinta mãos, cheio de cuidados, o bebê, e o bebê faz um berreiro dos diabos, agita as pernas, sacode as pernas dentro da prisão dos braços de Chico. Ele sorri e devolve o menino à mãe.

— Meu sobrinho – explica o profeta Chico – é nervoso e fica desse jeito. Sabe por quê? Ele sofre de paralisia infantil.

— Não tratam dele?

— Não temos recursos. Já deixei claro que não recebo um centavo pelas edições dos livros que me chegam do além. Assino um documento autorizando a livraria da Federação Espírita Brasileira a editá-los e, somente após ficarem impressos, recebo uns cinco ou dez exemplares, para dar aos amigos.

Vamos atravessando a sala e entramos num dos quartos. Na parede, prateleiras repletas de livros. Remédios à base de homeopatia, que Chico recomenda. Não sei porque os espíritos manifestam estranha aversão pela alopatia e suas drogas, receitando sempre combinações homeopáticas. Perto dos vidros, um armário cheio de livros. As obras de guerra contra a Santa Sé, assinadas por Guerra Junqueiro, ainda em vida. Os livros de Flammarion e de Allan Kardec, mas não os psicografados, misturados com volumes de propaganda anticlerical. Na parede, dependurado, um velho pandeiro.

— Quem toca pandeiro nesta casa?

Chico sorri o sorriso beatífico e diz que não é ele.

— Alguns espíritos?

O sorriso beatífico desaparece.

— Os espíritos não tocam pandeiro.

•

"Crianças doentes são trazidas para os 'passes' milagrosos de Chico. Este benjamim de olhos negros fez um berreiro dos diabos nas mãos do médium de Pedro Leopoldo. Depois, Chico vai escrever livros, que são vendidos aos milhares."

"Carregando lenha para o fogão de casa, Chico mostra ser o mesmo rapaz humilde. Ajuda sua irmã nos trabalhos domésticos e adora sua família, protegendo-a moral e materialmente, embora ele nada receba pelos livros editados."

Saímos para a rua, hoje, sábado movimentado. O povo de Pedro Leopoldo passeia diante da igreja que domina de forma esquisita a casa do humilde psicógrafo que Clementino de Alencar, certo dia, foi roubar de sua vida serena há dez anos. Hoje, Pedro Leopoldo é a Jerusalém do credo de Kardec. Já tem hotel e telefone. O povo de lá, por estranho que possa parecer a quem não conhece pessoalmente o nosso amigo Chico, revela invariável amizade. Será orgulho pela celebridade que ele deu ao município? Sim, porque, antes de Chico, Pedro Leopoldo nem existia nos mapas de Minas Gerais. Gostam dele, de seus modos, de sua cara asiática, onde um dos olhos empalideceu subitamente, como um farol apagado em pleno caminho da luz. A cidade tem uns treze mil habitantes, contadas as aldeias próximas, mas, espíritas, uns quatro ou cinco. Todos apreciam Chico, gregos e troianos. Gostam, mas preferem não rezar o seu catecismo. Ele não se importa. Não procura convencer ninguém à força de seu estranho e discutido poder. Quando a carta precatória, intimando-o a depor, chegou a Pedro Leopoldo, Chico leu devagarinho e abanou a cabeça. "Eu não posso mandar uma intimação judicial às almas!" E não deu mais importância ao caso.

·

Até à volta, sereno Chico. De todas as pavorosas complicações, você é o menos culpado. Parece uma caixa de fósforo num mar bravio. Uma velha beata de Pedro Leopoldo me disse que isso é castigo: "Castigo, sim, nhô moço... Antão, ele telefona pro inferno e manda chamar os espíritos e depois num quer se aborrecer?"

Já o trombonista de Pedro Leopoldo deve pensar diferente: "Por que será que o Chico só sabe receber mensagens escritas? Por que não recebe músicas de Beethoven, de Chopin, de Carlos Gomes?"

Ele, o moço amável de Pedro Leopoldo, não dá maior atenção aos comentários e vai levando como pode a sua vida. É pena, entretanto, que ele não tenha as qualidades artísticas que vão além do terreno literário. Se fosse assim, Pedro Leopoldo teria, senhores, não apenas o psicógrafo Chico, mas também o músico Chico, o pintor Chico, o profeta Chico. Isto mesmo: o profeta Chico.

"Nas madrugadas frias de Pedro Leopoldo, uma sombra se arrasta pelas ruas quietas. É a sombra do médium, que vai à casa de um doente levar o consolo de seus 'passes'. Cego de um olho, Chico Xavier, o bom e ingênuo Chico, vai tropeçando, com aquele farol que se apagou em pleno caminho da luz."

Consequências

É compreensível a tristeza que Chico sentiu com essa história. Consequentemente, ele não atendeu mais a imprensa. Recolheu-se em um silêncio para com os jornalistas que durou vinte e quatro anos. Silêncio que só foi interrompido quando ele me conheceu – e sinto orgulho por ter resgatado a imagem dele na imprensa (logo você entenderá como foi isso).

A preocupação de Chico era mais *com a doutrina*, não com ele próprio. Sempre foi assim. Nos anos seguintes, nas ocasiões em que eu o acompanhei em entrevistas, ele me disse:

> **"Saulo, minha grande preocupação é com a minha amada doutrina. De mim, podem falar, criticar. O que receio é fazer algo que prejudique a imagem da doutrina."**

O movimento espírita, felizmente, não foi abalado pela matéria. Aliás, o silêncio foi total: não houve manifestações públicas contrárias nem favoráveis a Chico, que preferia que fosse assim. E podemos analisar o seguinte: apesar de negativa, a matéria lançou o nome de Chico Xavier no cenário espírita *nacional*. Ele já tinha livros publicados, mas passou a ser mais conhecido depois de *O Cruzeiro*. Consequentemente, a divulgação do espiritismo ganhou, e muito, anos mais tarde. Chico tornou-se o maior e mais admirável representante espírita após o próprio Allan Kardec.

Vale observar: no início desta seção, digo que Chico ficou triste com o ocorrido. *Triste*. Ele não sentiu raiva, ressentimento,

A matéria foi republicada em *O Cruzeiro*, em 1975, quando a revista já pertencia a outro grupo (acho que não teria havido republicação se Nasser ainda tivesse influência por ali). Era uma retrospectiva de reportagens de grande destaque. Mais uma vez, o movimento espírita não foi abalado, e Chico nada comentou.

mágoa. Tais sentimentos não faziam parte da personalidade dele. Chico não era capaz de cultivar nenhum tipo de rancor.

Sempre muito educado – era um cavalheiro –, Chico procurava não comentar nada, nem mesmo na intimidade. Um dia, em um encontro para uma entrevista, eu levei o assunto à conversa. Já tínhamos, então, uma relação mais sólida. Chico afirmou, de alma leve, que a equipe de *O Cruzeiro* estava totalmente perdoada.

> **"Saulo, não precisamos falar disso, não. Eles eram moços muito entusiasmados, inteligentes, e fizeram o trabalho deles. Eles precisavam fazer aquilo. Eu fui muito inocente. Mas eu nunca tive raiva deles. Eu deveria ter tomado alguns cuidados. Eu é que não soube me conduzir."**

Ele era tão educado que, durante o período de afastamento de repórteres, nunca aceitou negar expressamente uma entrevista. Não achava digno dar um *não* direto. Preferia esquivar-se. Alguém cuidava de atender o repórter, dar desculpas, adiar a entrevista, alegar excesso de trabalho, viagem ou tratamento de saúde. O repórter, no fim, perdia o interesse e ia buscar outro assunto.

Quanto a mim, o conselho de Nasser foi muito bem assimilado. Por natureza, o que ele me disse tornou-se uma preocupação para mim em termos de conduta profissional. Mas o conceito teve um reforço em minha mente. *Experiência* nós só ganhamos com o tempo; não há dinheiro que compre, não há como passar à frente no curso da vida. Pessoas prudentes procuram observar e aprender com os conselhos dos mais experientes.

A viúva de Nasser

Em 2011, a viúva de Nasser, a sra. Isabel, gentilmente recebeu-me na residência dela, no Rio de Janeiro. Falamos, é claro, sobre Nasser e Chico.

Ela ressaltou o arrependimento do marido em relação ao caso de 1944, e disse que ele passou a acreditar em Chico Xavier. Imagina que, se houver um encontro entre ambos na espiritualidade, Nasser, enfim, pedirá desculpas a Chico.

Eu esperava ver a dedicatória de Emmanuel a Nasser, mas ninguém sabe onde está o livro. No entanto, a sra. Isabel mostrou-me um exemplar da tiragem inicial de *Mergulho na aventura*, livro no qual Nasser relata, entre outras coisas, a *aventura* em Pedro Leopoldo. Algumas vezes, ao comentar o caso, ele parecia querer exorcizar a culpa que o consumia.

CAPÍTULO 2

O primeiro passo
em direção
a Chico Xavier

LIÇÃO COMPARTILHADA POR Nasser REFORÇOU OS MEUS
princípios e ajudou a guiar toda a minha vida profissional. Naquela época, a história surgiu depois, em umas poucas conversas com repórteres. Com o tempo, o nome Chico Xavier perdeu a relevância. Como eu já disse, ele não era popular fora do meio espírita. O importante era o registro de que um homem de bom caráter fora injustiçado em uma revista e que essa irresponsabilidade não se repetisse com repórter nenhum.

Nos anos seguintes, o caso ficou praticamente esquecido. Trabalhos sobre assuntos diversos e um exílio no Uruguai preencheram a minha vida por completo. O exílio, especialmente, agitou a minha rotina; a história daria um roteiro cinematográfico.

Anos conturbados

Trabalhei na TV *Tupi* durante apenas sete meses daquele 1961. Em agosto, houve a renúncia do presidente Jânio Quadros. No Rio de Janeiro, uma nova emissora de TV se estruturava com investimentos na contratação de grandes nomes das artes e do jornalismo: a TV *Rio* (canal 13). Pelo dobro do salário, fui contratado por eles para cobrir a renúncia de Jânio.

Fiquei na TV *Rio* até o ano seguinte. Um novo contrato, então, foi assinado com a rádio *Mayrink Veiga*, na mesma cidade.

A rádio *Mayrink Veiga* revelou muitos nomes do mundo artístico. Por exemplo, Chico Anysio.

O político Leonel Brizola havia comprado vinte e cinco por cento das ações da rádio, cuja programação limitava-se à música e humor. Erguia-se um interesse político em incluir notícias na grade e, com isso, minha missão passou a ser estruturar um departamento de jornalismo. Conseguimos concretizar um jornalismo agressivo, atuante, verdadeiro (sem dúvida, o conselho de Nasser foi muito útil).

Os trabalhos seguiram até 1964, ano em que Jango foi deposto. Jango fugiu para o Uruguai. Brizola, por seus compromissos políticos, resistia no Rio Grande do Sul. Eu, por minha posição profissional, também tive problemas com os militares.

Quase todas as rádios do Brasil foram ocupadas pelo governo federal. Na *Mayrink Veiga*, houve resistência. Os diretores abandonaram a rádio, mas eu e alguns repórteres nos trancamos no prédio por dezoito horas, recusando-nos a entregar a emissora.

A situação, é claro, ficou insustentável. Em meio à confusão que se formou dentro e fora do prédio, eu e os meus companheiros fomos capazes de nos misturar à multidão para escapar dali. Consegui abrigo no apartamento de um casal de amigos.

Ciente de que era uma das pessoas marcadas pelo governo para morrer, na manhã seguinte, corri até a embaixada do Uruguai e pedi asilo. Encontrei outros jornalistas na mesma condição.

Ficamos na embaixada durante dois meses porque o governo brasileiro negava-se a nos dar o salvo-conduto para sairmos do país. A autorização surgiu depois de muita pressão do governo uruguaio, que ameaçou entrar com uma representação junto à Organização dos Estados Americanos (OEA).

Voltei ao Brasil no final do ano. Havia uma ilusão de que se instalara um forte movimento revolucionário, liderado por Brizola. Acreditei nessa ideia e segui com amigos, via terrestre, de Montevidéu até o Rio de Janeiro. Em meio a despistes, esconderijos, fome e frio, levamos vinte e um dias para chegar ao nosso destino. Todo cuidado era pouco: havia cartazes de "Procura-se" contra exilados em vários pontos do Brasil, principalmente em rodoviárias e aeroportos.

Poucos dias depois, fui preso. Começou então uma longa batalha pela minha libertação. Por meio do advogado Modesto da Silveira, tentei quatro pedidos de *habeas corpus* junto ao Superior Tribunal Militar. Só tivemos êxito em 1966, após um ano e meio de prisão.

Apesar do retorno às ruas, minha vida continuava caótica. O advogado informou que não havia condições de trabalho para mim no Rio de Janeiro. O governo ameaçava fechar qualquer emissora que me contratasse (e a vários outros jornalistas). De certo modo, a impossibilidade de trabalhar deixava-me em situação tão ruim quanto no período da prisão.

O meu advogado sugeriu que eu pensasse em outra cidade para morar. Escolhi São Paulo, e fui para lá em junho de 1966. Comecei a trabalhar na TV *Tupi* em agosto.

A partir daí, ouvi com certa frequência o nome Chico Xavier, que já morava em Uberaba. Apesar de próximo à capital de Minas Gerais, Chico era mais ligado a São Paulo. Viajava para lá regularmente, frequentando centros e participando de obras sociais – boa parte criada por inspiração dele. O interesse jornalístico nele surgiu mais tarde, aliado à história que Nasser me contara anos antes.

Um nobre telespectador

Finalmente, pude reorganizar minha vida. O lado profissional logo entrou nos eixos. Continuei a fazer grandes reportagens para a *Tupi*, exibidas pelo *Diário de São Paulo na TV* em fins de noite, e em um jornal substituto do *Repórter Esso*, às oito da noite, patrocinado pela Ultragaz. Ocasionalmente, a emissora abria espaço em alguns programas para aproveitamento total de minhas grandes reportagens, que ganhavam longos minutos no ar.

Em fevereiro de 1967, uma catástrofe climática abalou Caraguatatuba, cidade no litoral do estado de São Paulo. Mortes, ferimentos, milhares de turistas ilhados: o cenário era infernal. Fui escalado para cobrir a tragédia. Com isso, apareci com grande repercussão em um momento em que o Brasil todo se comovia.

Tive contato com voluntários que ajudavam as vítimas. Entre eles, muitos espíritas – pessoas que eram atuantes também em outras obras sociais.

Em novembro do mesmo ano, na porta do Palace Hotel, em Ribeirão Preto, no estado de São Paulo, ouvi a sugestão de uma pessoa, também voluntária espírita: "Saulo, vou sugerir uma reportagem. Há uma obra nossa muito interessante em Itapira, na região de Campinas [no estado de São Paulo]. Um trabalho que nós fazemos em psiquiatria e que é único no mundo. O nosso instituto, o Américo Bairral, recebe cientistas e especialistas em psiquiatria do mundo inteiro. Eles vão lá fazer pesquisas e estágios." A pessoa (cujo nome infelizmente não lembro) deve ter percebido o meu imediato ar de interesse no assunto, porque completou: "Tentarei colocar o senhor em contato com alguém do instituto para viabilizar uma reportagem." E, como vivíamos outra mentalidade em termos de religião, com forte domínio da Igreja católica, a pessoa arrematou: "Embora talvez não seja fácil o senhor conseguir aprovação para essa reportagem na sua emissora, porque se trata de uma obra *espírita*."

Aceitei o desafio, é claro. A ideia ficou em gestação por alguns meses. Em novembro, tive a oportunidade de ficar quatro dias em

Itapira. Gravei uma reportagem no Instituto Américo Bairral e levei o material à sede da *Tupi*. Lembre-se: ocasionalmente, a emissora abria espaços maiores na programação para aproveitamento total de grandes reportagens. Foi o que aconteceu com essa.

Em um programa de uma hora e meia, apresentei ao Brasil os trabalhos do instituto, com destaque para a *psiquiatria espírita*. Havia um tratamento muito humano ali, com forte interação entre as pessoas. Por exemplo, foi a primeira vez que se viu um lugar desses com piscinas para os internos. Psiquiatras entravam nas piscinas com eles, enquanto outros profissionais observavam

No Instituto Américo Bairral, o momento em que entrevisto o médico João Baptista Breda para a reportagem que emocionou o Brasil. (Detalhe curioso: observe a câmera da época.)

de fora como era a interação. Eram interessantes, também, as atividades artísticas. Evidentemente, chamava muito a atenção o *acompanhamento espiritual* dos internos, que, dizia-se, proporcionava melhoras mais rápidas que o normal nos pacientes.

O assunto, até por sua novidade, teve grande repercussão no país. Entre os milhões de telespectadores – eu soube depois –, havia um nobre senhor: Chico Xavier.

Uma oportunidade com Chico Xavier

Os diretores do instituto ficaram muito gratos a mim. Era a primeira vez que trabalhos espíritas apareciam – e com imparcialidade e respeito – na televisão, e na principal emissora de TV da época, durante uma hora e meia do horário nobre, em um país predominantemente católico.

Cordiais, os diretores tornaram-se meus amigos e começaram a oferecer gentilezas. Um deles me disse: "Saulo, o que você precisar de nós, estaremos sempre à disposição, ajudaremos no que for possível." Acendeu-se uma luzinha na mente do jornalista que não perdia nada que poderia vir a ser interessante. Pensei na história de Nasser e em como eu passara a ouvir o nome Chico Xavier.

Coloquei o nome na conversa. Os diretores tinham contato com ele – pessoalmente, inclusive. "Talvez vocês possam me ajudar em um plano jornalístico meu", eu disse. E, determinado, dei a grande cartada:

```
"Eu gostaria de entrevistar
Chico Xavier."
```

. * . * .

CAPÍTULO 3

Enfim...
Chico Xavier

OS DIRETORES DO INSTITUTO AMÉRICO BAIRRAL FICARAM surpresos. Acho que imaginaram tudo, exceto um pedido de entrevista com Chico Xavier. Pessoas mais próximas de Chico sabiam das dificuldades de repórteres em chegar até ele. Conseguir uma entrevista para mim seria missão praticamente impossível. Mas os diretores, muito gentis, mantiveram a palavra, dispondo-se a me ajudar. Um deles me disse: "Veremos o que podemos fazer por você."

O promotor de justiça José Carlos Ferraz, um homem forte no instituto, assumiu a missão de avançar nas conversas para a concretização da entrevista. Justo, sensível (ele era compositor e violinista), engajado no espiritismo, ele se dedicou com afinco ao assunto.

Ainda assim, o acesso a Chico não foi fácil. Determinado, como sempre acontecia ao desejar uma reportagem, telefonei várias vezes para o dr. Ferraz. Atencioso, ele me pedia calma. Um dia, ouvi o seguinte: "A coisa está ficando boa. O Chico tem assistido às suas reportagens. E ele gosta. Espere um pouco, ainda não é hora."

Cinco meses depois, em abril de 1968, recebi um telefonema do dr. Ferraz. "Saulo, como está a sua agenda nos próximos dias? Eu gostaria de ir com você a Uberaba. O Chico aprecia a sua conduta, o seu profissionalismo. Ele não promete uma entrevista, mas pede que você vá até lá para uma conversa. Sem câmera e sem microfone."

A notícia alegrou o meu dia. No fundo, eu já sabia que *aquilo resultaria em uma entrevista* – e em uma após vinte e quatro anos de "silêncio" de Chico. Ele, obviamente, queria me conhecer melhor. Gostava do Saulo que via diante das câmeras, e agora queria conferir, pessoalmente, se eram válidas as impressões que tinha ao meu respeito, qual o nível da minha seriedade. Com toda a razão, tomava os cuidados que deixara escapar em 1944.

A reportagem seria mais um grande ponto favorável na minha carreira. Anos depois, eu enxergaria algo muito maior nessa oportunidade: no privilégio do contato com ele, aprendi muito como ser humano.

`Chico era, acima de tudo, uma lição de vida.`

Preparativos para a viagem

Quando falo sobre isso, as pessoas geralmente me perguntam *como* eu consegui aprovação da emissora para ir até o Chico. Afinal, o Brasil é a maior nação católica do planeta, e naquela época as influências da Igreja eram muito mais fortes. Mostrar um instituto que aplicava a chamada psiquiatria espírita já havia sido um fato marcante; e, naquele momento, tratava-se de mostrar o mais famoso médium do país, escancarando as portas do espiritismo para que todo brasileiro visse um pouco da doutrina por dentro.

Sem dúvida, uma pauta dessas gerava preocupações. Mas, para a direção da emissora, importava o fato de eu estar envolvido no assunto. Modéstia à parte, creio que a reportagem com Chico não aconteceria pelas mãos de outro repórter. Depois de uma variada gama de reportagens de êxito e conduzidas com muita seriedade, eu tinha grande credibilidade profissional na emissora. Diretores aprovavam pautas mais delicadas ou arriscadas quando eu colocava as minhas mãos no assunto. A pauta com Chico eu consegui aprovar sem nenhuma dificuldade.

Assim, a viagem ficou marcada para o dia 2 de maio, que seria feriado em Uberaba.

Na véspera, telefonei para o dr. Ferraz para avisar que eu estava pronto, inclusive com o caminhão de externa preparado. Tive uma surpresa. "Houve um imprevisto", ele me disse. "Sinto muito, não posso viajar agora. Mas fique tranquilo. O assunto já está bem encaminhado com o Chico. Vamos apenas adiar um pouco."

A oportunidade tinha que ser aproveitada. Eu sentia que *aquele era o momento*. "O senhor me desculpe, mas eu vou antes", disse a ele. "Vou com a minha equipe. Posso aguardar por lá até que o senhor consiga viajar." De um jeito ou de outro, eu ia tentar a porta que se abria para a entrevista.

Chico Xavier... pessoalmente

Chico morava em Uberaba desde 1959, após se mudar de Pedro Leopoldo. Cheguei à cidade com a minha equipe na manhã de 2 de maio.

A cidade estava agitada. Além da grande quantidade de pessoas que iam até lá exclusivamente para ver Chico Xavier, era a véspera da abertura da tradicional ExpoZebu – naquela época nomeada Feira Nacional do Zebu –, ainda hoje um dos mais importantes eventos pecuários do país.

Fomos ao hotel Zote, próximo à casa de Chico. Quase sempre o hotel estava lotado, graças aos visitantes do médium. À noite, deixei lá a minha equipe e segui de carro ao centro Comunhão Espírita Cristã. O carro foi gentilmente providenciado, com motorista, pelo sr. Zote (dono do hotel e de outros negócios; ele era popular e respeitado na cidade). Fui sozinho, sem nenhum equipamento, para agir como Chico pedira.

Como eu imaginava, a região do centro estava muito agitada. Era noite de sessão espírita. Pessoas que não conseguiam entrar aglomeravam-se na calçada. Algumas se exaltavam, aflitas com a ideia de terem feito uma viagem sem a chance de ver e falar com Chico. Por isso, dois policiais militares normalmente ficavam ali em frente, organizando a lotação e acalmando as pessoas. Eles tentavam tranquilizá-las, dizendo que todas conseguiriam chegar até Chico.

De fato, Chico não deixava ninguém ir embora frustrado. Encerrada a sessão, ele permitia que as pessoas de fora entrassem aos poucos e atendia todas com a maior paciência do mundo. Conversava, ouvia casos, aconselhava, autografava livros. Chegava a ficar no centro até às quatro ou cinco horas da madrugada, sem demonstrar cansaço.

E lá estava eu... em meio à multidão no exterior...

Identifiquei-me a um dos policiais. Ele já sabia de mim. Emocionado, fui conduzido até o interior do centro. Era um lugar muito humilde.

Chegara o grande momento.

Lá estava ele. *Vi, pela primeira vez, pessoalmente, Chico Xavier.*

Ali começava uma das grandes histórias da minha vida. Poucos minutos depois, nasceria uma respeitável parceria de três décadas.

. * . * .

Encontrei Chico em Uberaba para a primeira entrevista em 1968.

PARTE II

A PARCERIA
CHICO & SAULO

CAPÍTULO 4

A inesquecível entrevista com Chico Xavier

A jornalista Helle Alves também conviveu com Chico por uns dias para fazer uma reportagem. Recordando aquela época, deu um emocionante depoimento para este livro: "Chico Xavier era informal em tudo o que fazia. Não guardava registro dessas sessões. Nem o prato de sopa que a sua loja distribuía todas as tardes a centenas de pessoas exigia senha ou formalidades. Pessoas bem vestidas e mendigos partilhavam o mesmo prato e a mesma mesa.
[cont.]

ENTREI NO CENTRO, DISCRETAMENTE, POR UMA PORTA LATE-ral junto à mesa de trabalhos mediúnicos. A sra. Dalva Rodrigues Cunha, diretora do centro, e o dr. Elias Barbosa, médico de Chico e primeiro biógrafo dele, faziam parte da mesa; sabiam quem eu era e o motivo da minha presença ali.

A sessão já havia começado. Fiquei de pé por alguns instantes e, então, alguém do centro apareceu com uma cadeira para que eu me acomodasse junto ao público. A aproximadamente quatro metros de Chico, assisti ao que restava da sessão.

O término dos trabalhos ocorreu por volta de dez e quinze da noite. Chico, como sempre, faria contato direto com o público, dando conselhos, autografando livros, receitando remédios homeopáticos. No entanto, uns quinze minutos depois, uma pessoa aproximou-se de mim para avisar que Chico estava no interior da casa e desejava me cumprimentar. Fui levado para a cozinha, onde ele já me aguardava.

Primeiro, a emoção do primeiro contato visual; agora, a emoção da primeira *conversa*.

Conversa, café, doces: o delicioso *jeito mineiro*

Eu tinha uma expectativa em relação a Chico Xavier como pessoa. É claro que, em razão do que se dizia sobre ele, eu imaginava encontrar um homem calmo e bom, de voz mansa. Mas as minhas impressões foram *além* do que eu esperava.

Era simplesmente impressionante o contato pessoal com Chico. Olhar sereno, expressão tranquila, gestos calmos, voz suave, sorriso acalentador, brilho cativante nos olhos. Em poucas palavras – na verdade, em apenas *duas* palavras –, a descrição de Chico poderia resumir-se em: *paz* e *bondade*. Qualquer pessoa que chegasse perto dele triste, preocupada ou com outro sentimento negativo saía de espírito mais leve. Digo isso sem o peso de nenhuma influência religiosa: por não ter nenhuma noção sobre espiritismo na época, pude avaliar tudo imparcialmente.

Assim, eu já me sentia à vontade quando Chico convidou-me à mesa. Estávamos só nós dois na cozinha. Eu o cumprimentei, chamando-o de "sr. Chico", e ele imediatamente me corrigiu, como fazia com todos, brincando:

"O Senhor está no céu!"

Antes de a conversa entrar no verdadeiro motivo da minha presença ali, Chico ofereceu-me doces, pães e fez um delicioso café. Eu não era de comer muito, mas confesso que me deliciei com uns pedaços a mais de bolo de fubá. Não resisto, e digo sempre que não há bolo de fubá melhor que o dos mineiros. Na casa de Chico, então, era uma maravilha.

A deliciosa "mineirice" – com forte calor humano e gastronomia incomparável – era marcante. Aliás, o que se servia ali não vinha apenas dos vários colaboradores da casa e das gentis ofertas dos visitantes. Competente na cozinha, Chico cozinhava algumas coisas. Se as responsabilidades dele com o centro fossem menores, estou certo de que cozinharia tudo. Quanto ao irresistível cafezinho, ele fazia questão de preparar o que servia às pessoas que chamava para um bate-papo.

Assim seguiu a nossa conversa, bem à vontade, regada a delícias gastronômicas e a sorrisos simpáticos de Chico. Falamos do país, de família, de espiritismo, de jornalismo. Falamos da vida.

> Não raro, alguém mal-intencionado abandonava no banco de espera um idoso ou um recém-nascido. Todos eram recolhidos, e um asilo foi fundado, reunindo pessoas dos dois extremos etários. A união deu muito certo, pois os mais velhos ajudavam a cuidar e dar carinho aos bebezinhos. E os pequenos órfãos enfeitavam a vida dos vovôs também órfãos."

Ficamos na cozinha até as quatro horas da madrugada. Sim, foram aproximadamente cinco horas de conversa!

Muitas pessoas já me perguntaram se Chico quis saber se eu era espírita. Talvez isso aumentasse as minhas chances com ele. Nada disso. Espíritas me perguntam isso; Chico, no entanto, *nunca* perguntou. Não lhe interessava a religião das pessoas. Não importava se ele estava diante de um católico, um espírita, um evangélico. Sábio, sempre dizia a quem lhe perguntasse qual era a melhor religião a seguir:

"A melhor religião é a sua."

Durante toda a nossa parceria, observei em Chico certa "pureza". O modo como falava, os assuntos pelos quais se interessava, as dúvidas que expressava, as observações que fazia. Para ele, tudo era bom, tudo era "bacana", bonito, fantástico, espetacular. Naquela noite, ele fez várias perguntas sobre a rotina na televisão. Perguntou com grande interesse, como uma criança interessada em um brinquedo.

Hoje, tenho a impressão de que, ao fazer tantas perguntas sobre o ambiente televisivo, Chico queria situar-se um pouco, saber sobre o ambiente em que ele se apresentaria cedo ou tarde – não poderia esquivar-se da TV até o fim da vida. Ele queria, também, *sentir* quem eu era (com toda a razão do mundo). Desejava encontrar no Saulo *pessoa* o que via no Saulo *repórter*, e por isso a longa conversa informal antes de falarmos em entrevista.

Para ser sincero, a minha segurança profissional permitiu-me sentir, logo após os cumprimentos, que *a entrevista iria acontecer.* Depois de algumas horas de conversa, isso ficou ainda mais nítido.

A certa altura, mais ao final do encontro, ouvi a esperada pergunta: "Em que lhe posso ser útil?" Expliquei que eu gostava de fazer matérias especiais e que ouvia coisas sobre ele que despertavam o meu interesse profissional. Sugeri uma entrevista. Eu assistiria a uma sessão no Comunhão Espírita Cristã e gravaria uma entrevista em que os trabalhos no centro não seriam prejudicados. Eu sabia das dificuldades envolvidas nisso, mas poderia fazer um bom trabalho.

Aqui, vale abrir um parêntese. Já li e ouvi rumores de que Chico teria se preocupado e especulado sobre as dificuldades de levar adiante uma entrevista, sendo ele um espírita, em razão de pressões da Igreja católica contra a TV. Ele não me falou nada sobre isso. Deve ter pensado a respeito, mas não externou preocupações.

Então, para a minha alegria, *Chico confirmou a entrevista*. E o fez de maneira intrigante:

"Eu gostei do seu jeito. Você é quem eu pensava."

Até hoje eu não sei, exatamente, o que ele quis dizer com isso. E arrematou: "Pode trazer os seus colegas para gravarmos uma entrevista."

Acho que Chico cultivava uma vontade já meio antiga de voltar a dar entrevistas. Afinal, elas seriam ótimas divulgações da doutrina espírita Brasil afora. Ele apenas precisava confiar em algum jornalista. Conhecia o meu trabalho pela TV e gostava; naquela noite, teve boas impressões ao meu respeito como pessoa. Arrisco a dizer, com grande ousadia, que além disso Chico teve uma ajuda da espiritualidade naquele momento. Acho que foi informado de que eu era um profissional com intenções realmente boas em relação a ele.

Muito solícito, ele disse que não haveria problema nenhum em gravar ali mesmo, no centro. Eu poderia gravar imagens de uma sessão e, mais tarde, ele daria um aviso para que eu me juntasse a ele com a minha equipe.

Euforia com a equipe

Saí de lá eufórico. Ainda era difícil acreditar no que acabara de acontecer. Eu contava os minutos para chegar ao hotel e dizer à equipe que estávamos prestes a gravar uma entrevista com Chico Xavier.

No hotel, ainda de madrugada, acordei todos. Éramos dez: eu, o motorista e oito técnicos – entre eles, o chefe de equipe Nivaldo Matos. Comemoramos juntos.

Foi um comportamento natural de jovens profissionais entusiasmados. Depois, coloquei os pés de todos de volta ao chão. Expliquei como deveria ser o comportamento da equipe no local, os bons modos necessários. O profissionalismo deveria estar acima de tudo. Chico e todas as pessoas ligadas ao centro deveriam ser tratadas com todo o respeito do mundo. O ambiente por lá era de muita paz, que não poderia ser perturbada com a chegada de dez pessoas agitadas em função de um trabalho importante a fazer.

Preparativos para a reportagem

Talvez você possa imaginar as dificuldades técnicas da época para gravar uma entrevista dessas. Os equipamentos eram pesadíssimos, nada práticos – por isso a necessidade de oito técnicos na equipe.

Hoje, chega-se a qualquer lugar e, em dez minutos, é possível estar com tudo pronto – ao vivo, inclusive. Naquele dia, foi preciso chegar à tarde ao centro para preparar inúmeros detalhes e poder gravar à noite. Evidentemente, durante todas as horas que passamos no local, o nosso comportamento foi muito calmo e respeitoso.

Não tive contato com Chico antes da gravação, mas conversei com alguns espíritas que circulavam por ali. Independentemente da entrevista agendada (se com o presidente da República ou com um bandido em uma reportagem policial), eu nunca apreciei a ideia de levar apenas questões *prontas*. Sempre usei muito a *intuição do momento* para valorizar a *espontaneidade* do entrevistado. Então, as rápidas conversas com os espíritas me inspiraram, mas preferi deixar que as questões para Chico surgissem naturalmente.

A reportagem

Antes da tão esperada entrevista, participamos da sessão espírita regular que ocorreu naquela noite. Capturamos muitas imagens, é claro. Em voz baixa, narrei cada fase da sessão.

Durante essa gravação e a da entrevista, o público no centro não emitiu um único som. Estavam todos *eletrizados*. Não era para menos: além de o grande foco ser o mestre Chico, estavam todos diante de uma equipe de TV e toda a sua parafernália, em uma época em que a TV ainda era um mistério para as pessoas.

Exibir e narrar a sessão na TV foi tão "bombástico" quanto transmitir a entrevista. Na época, o Brasil pouco sabia sobre como era uma reunião espírita. Orações, palestra, contatos com Espíritos, os trabalhos dos integrantes da mesa diretora: a matéria exibida na *Tupi* mostrou uma intrigante novidade que jogou a audiência para o alto.

Houve um detalhe muito especial:

Pela primeira vez, câmeras registraram uma psicografia.

E feita por Chico. O Espírito que se comunicou? Emmanuel. Imagine o impacto que isso causou no país. Sabia-se da existência das psicografias, mas *como* elas aconteciam? Isso era um mistério até para alguns espíritas.

Eis a mensagem psicografada:

Em transe, Chico faz a primeira psicografia diante de câmeras, para o Brasil todo ver.

Auxiliarás por Amor

Auxiliarás por amor nas tarefas do benefício.

Não te deixarás seduzir pelo verbo fascinante dos que manejam o ouro da palavra para incrementar a violência em nome da liberdade e dos que te induzam a crer seja a vida um fardo de desenganos.

Adotarás a disciplina por norma de ação em teu ambiente de trabalho renovador e educar-te-ás na orientação do bem, elevando o nível da existência e sublimando as circunstâncias.

De muitos ouvirás que não adianta sofrer em proveito dos outros e nem semear para sustento da ingratidão. Entretanto, recordarás os benfeitores anônimos que te amaciaram o caminho, apagando-se tantas vezes para que pudesses brilhar. Rememorarás a infância, no refúgio doméstico, e perceberás que te ergueste, acima de tudo, da bondade com que te agasalharam o coração. Não conseguiste a ternura materna com recursos amoedados, não remuneraste a teu pai pelo teto em que te guardou a meninice, não compraste a afeição dos que te equilibraram os passos primeiros e nem pagaste o carinho daqueles que te alçaram o pensamento à luz da oração, ensinando-te a pronunciar o nome de Deus!...

Reflete nas raízes de amor com que o Todo-Misericordioso nos plasmou os alicerces da vida e colabora onde estejas para que o bem se erija por sustentáculo de todos.

Enxergarás nos que te rodeiam irmãos autênticos, diante da Providência Divina. Ajudarás aos menos bons para que se tornem bons e auxiliarás aos bons a fim de que se façam melhores.

Se a perturbação te dificulta o caminho, serve, sem alarde, e a trilha de libertação se te abrirá, propiciando-te acesso à frente.

Se ofensas te apedrejam, escuda-te no dever bem cumprido e serve sempre na certeza de que a bondade, com a força do tempo, é a mola natural de todos os reajustes.

Muitos mandam, exigem, dispõem ou discutem... Serás aquele que serve, o samaritano da bênção, o entendimento dos incompreendidos, a luz dos que se debatem nas sombras, a coragem dos tristes e o apoio dos que se afligem na retaguarda!... E, ainda quando te vejas absolutamente a sós, no ministério do bem, serás fiel à obrigação de servir, lembrando--te de que, certo dia, um anjo na forma de um homem escalou um monte árido, em supremo abandono, carregando a cruz do próprio sacrifício, mas, porque servia e servia, perdoando e perdoando, fez-se nas trevas da morte o sol das nações, em perenidade de luz e de amor para o mundo inteiro.

— EMMANUEL

Depois da sessão, Chico abriu espaço para a equipe trabalhar.

O grande momento. A entrevista que a TV brasileira não ia mais esquecer. A entrevista da qual o Brasil pediria, exaustivas vezes, uma reprise – que aconteceu, alternadamente, em quase todos os estados, por meio de emissoras afiliadas.

No final do capítulo, você poderá ler a íntegra da histórica entrevista de maio de 1968. Em seguida, você verá uma outra entrevista que ocorreu em agosto do mesmo ano, decorrente do sucesso da primeira.

Depois da entrevista

Encerrada a entrevista, Chico, mais uma vez, agradeceu por nossa presença e foi atender as muitas pessoas que aguardavam para falar com ele. Com a mesma discrição, desmontamos e recolhemos a aparelhagem.

Eu ainda não respirava tranquilo. Como em todas as grandes reportagens da minha vida, eu tive, naquela noite, imensa preocupação com as fitas tiradas das três câmeras. Era um senso de proteção por um material que valia ouro. Pedi que o diretor técnico da equipe imediatamente as guardasse em uma caixa no caminhão. Depois, no hotel, levei as fitas comigo para o quarto.

O plano inicial era sair logo de manhã em direção a São Paulo. Mas, graças a Chico, tivemos uma gratificante missão extra para cumprir. Isso você entenderá no próximo capítulo.

A exibição na TV

Na *Tupi*, procurei Walter Sampaio, diretor de jornalismo, para atualizá-lo sobre a entrevista. Disse que a matéria estava pronta, e que tudo correra muito bem e não havia "exageros religiosos" no conteúdo. Havia sido dado o sinal verde para a matéria (ou eu nem teria viajado a Uberaba), mas mantinha-se no ar certo receio em relação à Igreja católica. Impossível evitar. Sampaio confirmou o receio, mas disse que Edmundo Monteiro, diretor-presidente da *Tupi*, emitira a ordem de exibição.

O sr. Monteiro era um homem de grande visão, um profissional corajoso, exemplar. Não temia nada. Era capaz de tudo para defender uma informação. Se estava feita, e com responsabilidade, a matéria tinha que ser publicada. Ele chegou a enfrentar sérios problemas com o governo por defender matérias e jornalistas. Audacioso, deu emprego a jornalistas perseguidos e presos pelo governo. "Não me interessa a ideologia da pessoa", dizia. "Pode ser até comunista. Se for bom profissional, tem espaço comigo." Detalhe: ligado à política, ele se vinculava à direita, por isso a sua coragem era ainda mais surpreendente.

Assim, a matéria com Chico foi exibida uma semana depois, às onze da noite, em um especial do *Diário de São Paulo na TV*. Foram aproximadamente noventa minutos no ar. *Noventa*! Inesquecível para o movimento espírita.

Todas as nossas expectativas quanto à exibição da entrevista foram satisfeitas. A *Tupi* comemorou a grande audiência; os espíritas, a divulgação da doutrina espírita na mais popular emissora de TV da época. Acho que posso afirmar que Chico também comemorou: dos primeiros contatos até a exibição da entrevista, foi tratado com extremo respeito – um belo retorno da sua relação com a imprensa.

Esse é um dos maiores orgulhos da minha vida profissional.

Milhares de cartas e telefonemas chegaram à redação para agradecer pela reportagem e pedir reprise. Mas, como nada nessa vida tem apenas lados positivos, falemos dos negativos – que foram poucos e se perderam diante do brilho geral da matéria. Algumas cartas de protesto de telespectadores chegaram à *Tupi*, por motivação religiosa. Fora isso, soubemos que, em algumas igrejas, padres falaram contra o programa durante as missas. A Igreja, no entanto, não se posicionou oficialmente; isso só aconteceu após o programa *Pinga-fogo*, sobre o qual falaremos daqui a pouco.

O fato é que o movimento espírita cresceu depois disso. Curiosas, as pessoas informavam-se mais sobre a doutrina espírita. Além disso, houve maior procura por Chico em Uberaba – pessoas que buscavam alguma luz para os seus anseios... e que sempre encontravam um Chico pronto para iluminá-las.

Apesar de todas essas reações positivas, das reprises e da repercussão na imprensa escrita, a entrevista não foi o maior acontecimento com Chico Xavier na TV. Algo muito, muito mais intenso viria a ocorrer três anos depois: as participações no programa *Pinga-fogo*. Mas, além do retorno de Chico a uma entrevista, o evento de maio de 1968 envolveu dois momentos mágicos: Chico pela primeira vez na televisão... E vendo-se pela primeira vez durante uma psicografia.

Alguns dias depois da exibição na *Tupi*, voltei a Uberaba para conversar com Chico. Foi um gesto de respeito da minha parte. Precisava saber o que *ele* achara da entrevista exibida.

Em 1962, a Federação Espírita Brasileira (FEB) gravou um vídeo com Chico em Uberaba. Mas não havia intenção de exibir o vídeo publicamente; ele se destinava ao arquivo da própria FEB. Portanto, a minha entrevista de 1968 não foi a primeira experiência de Chico diante de uma câmera, mas, na prática, para ele foi, porque pôde se ver nas imagens e houve exibição pública.

RADIO E TV

Desta vez, Saulo Gomes traz Chico

Saulo Gomes fêz uma entrevista com Chico Xavier, que o Canal 4 transmitirá amanhã, depois do "Diario de S. Paulo na TV" (22,30). Chico Xavier é o famoso médium espírita que psicografa obras de escritores famosos, já mortos. Muita gente já quis trazer Chico à televisão, mas êle nunca concordou. Amanhã será a primeira vez que Chico Xavier falará numa televisão, na entrevista que deu a Saulo Gomes.

O repórter da Tupi, o mesmo que acompanhou os jangadeiros pois gravou também uma sessão espírita inteira, da qual Chico participava.

Saulo Gomes é conhecido pelas grandes reportagens que já fêz para o Canal 4. Agora mesmo êle está-se preparando para uma viagem a Rondônia. Êle vai com um dos irmãos Vilas Boas, que pretende entrar em contato com uma tribo de indios que alguns acham ser antropófaga. Saulo vai transmitir boletins durante essa viagem, pela Rádio Tupi, e, ao mesmo tempo vai gravando "tapes" que o Canal 4 mostrará depois de sua volta.

Edição de 13 de maio de 1968 do jornal *Diário de São Paulo* antecipa a minha entrevista com Chico. Observe, no primeiro parágrafo, que o autor do texto explica quem é Chico Xavier. Por isso a mídia foi tão necessária para Chico e para o crescimento do movimento espírita.

Ele estava satisfeito. E surpreso por saber como se manifestava durante uma psicografia. Em uma época em que não se capturava imagens facilmente (o que hoje todo mundo faz até com celulares), aquilo tinha sido, realmente, uma grande novidade para ele.

O meu retorno a Uberaba não se limitou a isso. Sempre procurei ir além em todos os meus caminhos. Assim, aproveitei para gravar com Chico uma entrevista sobre as impressões dele a respeito da longa entrevista exibida dias antes. O material transformou-se em mais uma entrevista com Chico Xavier exibida pela TV *Tupi*. Uma entrevista muito menor, de aproximadamente três minutos, mas também com grande repercussão.

A resposta da audiência era proporcional à bondade de Chico, à sua humildade, às belas palavras que ele usava para *iluminar o Brasil*.

Nosso Saulo: o repórter do Chico

Depois de tudo isso, estavam seladas a amizade e a parceria com Chico. Consequentemente, ele me colocou na posição de "consultor" para quase tudo o que fez em TV nas décadas seguintes. Sentia em mim um amparo para aventurar-se em outros programas.

Um repórter ou apresentador de TV queria uma entrevista? Eu recebia um telefonema de Chico, que me passava as informações e, indireta e gentilmente, sugeria a minha presença no evento. Muitas vezes, o próprio profissional interessado na entrevista me telefonava: "Chico pediu que eu falasse com você sobre isso."

Isso virou rotina. Logo ganhei o apelido entre espíritas e colegas de jornalismo:

"Repórter do Chico"

É um título que aceito com muito carinho até hoje. Mais interessante ainda era ser chamado de "nosso Saulo" pelo próprio Chico. Ele dizia a repórteres coisas como: "Podemos fazer a entrevista, sim. Mas, olha, você pode falar antes com o nosso Saulo?" Nunca entendi bem por que ele me chamava assim, mas preferi não perguntar. Eu recebia aquilo como um gesto de carinho e respeito da parte dele.

Com o tempo, Chico, bem-humorado, passou a referir-se a mim como "empresário". Dizia a repórteres:

Nosso Saulo: agora você entende por que decidi usar *Nosso Chico* como título deste livro. Além de retribuir o carinho, reforça a ideia de que Chico sempre foi de todos nós.

Chico, bem-humorado? Sim! Ele tinha um comedido senso de humor que surpreendia e agradava as pessoas. Gostava de provocar boas risadas, inclusive com algumas inocentes piadinhas.

Retornei a Uberaba para verificar com o próprio Chico a repercussão da entrevista.

"Olha, eu vou, sim, ao seu programa, mas procure o Saulo lá em São Paulo. Ele é o meu empresário, sabe das minhas necessidades e dos meus problemas."

Entendi menos ainda o termo "empresário", mas também nunca perguntei. Eu não tinha a função de aprovar ou negar entrevista nenhuma. Alguns repórteres me abordavam cautelosamente, sondando quais "custos" poderia haver para uma entrevista. Para mim, isso era motivo de risos. Primeiro, porque o meu trabalho realmente não era aquele e eu não agiria com tamanha falta de ética com colegas de profissão; segundo, porque uma coisa dessas – empresário, ganho por entrevista – chega a ser *ridícula* quando associada à *humildade* e à *nobreza de caráter* de Chico.

Sem exceção, não exerci influência sobre as entrevistas de outros colegas com Chico. Em situação nenhuma "reprovei" uma ideia – nem mesmo em conversas reservadas com ele. Jamais pronunciei coisas como "cuidado com esse entrevistador", "a esse programa você não deveria ir", "vá a este e não àquele programa". Por isso, dizer que me tornei um tipo de "consultor" é apenas força de expressão, porque consultores *opinam* – algo que nunca fiz. O fato é que Chico me deixava a par das entrevistas e ansiava para que eu estivesse ao seu lado – no mínimo, nos bastidores. Muito gentil, ele não *pedia* a minha companhia; ele apenas *sugeria* a minha participação, o meu envolvimento.

A minha imparcialidade foi sempre tão marcante que eu não opinava sequer sobre as ideias dos colegas repórteres ou apresentadores de TV. Às vezes, me abordavam assim: "Saulo, vou entrevistar o Chico. Estou meio perdido. Você o conhece bem. Sugere algo que eu possa dizer?" Eu não dizia nada para conduzir a entrevista do colega. O trabalho era dele. *Ele* sabia melhor o que dizer.

Chico não me perguntava sobre como se comportar ou sobre o que dizer. Portanto, nem mesmo nesse aspecto tive influência. A minha imparcialidade foi íntegra – como exigia a minha ética profissional. Antes das participações em programas, a pergunta de Chico era apenas esta: "Saulo, será que vou conseguir responder a tudo?" E não deixava de arrematar:

> **"A minha preocupação não é comigo. Eu posso errar, o meu nome pode estar em jogo. A minha preocupação é com a doutrina. Não posso fazer nada que prejudique a imagem da minha amada doutrina espírita."**

No decorrer de muitos anos, eu o acompanhei em várias situações na TV. Algumas vezes, diante das câmeras; em outras, apenas nos bastidores; às vezes, apenas até a entrada das instalações da emissora, porque outros compromissos impediam-me de estar mais presente naquele momento. Chico, então, era muito bem recebido. Os diretores das emissoras apareciam para a recepção. Pessoas de todos os departamentos se aproximavam para conversar, entregar bilhetes. Quando havia oportunidade para fotos, pediam uma (lembre-se: na época, fotografar não era tão corriqueiro como hoje). Então, à espera da entrevista, ele se distraía com conversas, com café e biscoitos (as pessoas sabiam que ele gostava muito de café e de biscoito), com perguntas sobre o universo da televisão, com apreciação de quadros e gravuras nos corredores (era típico dele apreciar quadros e gravuras), com orações e elevação mental para pedir auxílio à espiritualidade.

No parágrafo anterior, note que eu disse que o acompanhei em "várias" situações, não em "todas". Por mim, estaria presente em todas, por questão de amizade e de apoio, mas a minha vida profissional não se limitou a Chico e ao espiritismo. Continuei a fazer grandes matérias sobre assuntos gerais, o que me obrigava a viajar constantemente. Portanto, algumas aparições de Chico na televisão não tiveram a minha presença de forma nenhuma. Mas tudo bem, porque ele não precisava de mim. Ansiar por minha companhia era pura humildade. Eu ficava tranquilo. Chico tinha um brilho próprio a exibir para todo o Brasil.

Note agora que, naquele mesmo parágrafo, falo sobre *diretores de emissoras* que iam receber Chico (refiro-me a executivos, não a diretores de programas). Você pode ter estranhado isso. Diretores receberem o convidado de um programa? Isso não é nada usual. Mas acontecia com Chico Xavier. Por exemplo, o sr. Edmundo Monteiro, diretor da *Tupi*, costumava ir até o convidado quando se tratava de um empresário ou político de grande expressão. Às vezes, recebia uma pessoa, dava as boas-vindas e então incumbia um funcionário de fazer as honras da casa. Com Chico, era bem diferente. O próprio sr. Monteiro fazia *todas* as honras da casa, como se recepcionasse o presidente da República. Recebia Chico até no seu gabinete. E Chico... sempre, sempre sem perder a humildade...

Como sempre, a humildade de Chico. Ele era tão humilde que não sabia receber elogios. Simplesmente desmontava quando era elogiado. Coçava a cabeça e dizia baixinho: "Não, eu não sou isso, não. Não, eu não mereço ouvir isso."

Minha primeira entrevista com Chico.

A primeira entrevista
Maio de 1968

[SAULO GOMES] **Mestre Chico Xavier, como é que os Espíritos consideram o espiritismo? Como uma ciência experimental ou uma religião?**

[CHICO XAVIER] *De início, queremos agradecer aos nossos amigos da TV Tupi, canal 4, de São Paulo, na pessoa de nosso caro entrevistador, Saulo Gomes, a atenção que nos dispensa, proporcionando-nos a alegria da presente visita à nossa Comunhão Espírita Cristã, aqui em Uberaba. Desejamos, também, com a permissão dos amigos, saudar e agradecer a atenção dos amigos telespectadores. Pedimos licença, ainda, para falarmos do entusiasmo com que o entrevistador a nós se referiu. Conhecemos nossa total desvalia e sabemos que as palavras do nosso caro Saulo Gomes nascem da sua generosidade, por méritos que não possuímos.*

Feita essa ressalva, confessamo-nos, ante um inquérito afetivo muito sério, que nos chama a grande responsabilidade, pois entendemos estar diante de ouvintes que procuram a verdade.

Confesso que, antes de me sentar aqui para a entrevista, pedi aos nossos amigos espirituais, especialmente ao nosso Emmanuel, que dirige nossas atividades mediúnicas desde 1931, que me ajudassem, pois não tenho o dom da palavra, e me amparassem para que eu errasse o menos possível nas respostas. Conto, assim, com o perdão de todos.

Os nossos amigos espirituais nos afirmam que, apesar de o espiritismo englobar experimentações científicas valiosas para a Humanidade, devemos considerá-lo como doutrina que revive o evangelho de Nosso Senhor Jesus Cristo, interpretado em sua pureza e em sua simplicidade para os nossos dias.

De nossa parte, consideramos o espiritismo como religião, em vista das consequências morais que a doutrina espírita apresenta para a nossa vida e para o nosso trabalho.

Como é que o Espírito de Emmanuel, autor de tantos livros, considera as manifestações exóticas de entidades caracterizadas por evolução nitidamente primária?

O nosso diretor espiritual considera a doutrina espírita como grande escola para os nossos Espíritos encarnados na Terra. Em vista disso, acha que a mediunidade deve ser examinada à parte da doutrina, como os cursos de um educandário são separados dos programas da escola em que funcionam. Assim, as manifestações de nossos irmãos que se caracterizam por evolução ainda primitiva são como as dos alunos primários da escola. Há, porém, lugar para todos os que desejam estudar e conhecer as necessidades de cada um diante do aprendizado.

Diz o nosso Emmanuel que um mestre eminente não despreza o aluno de cursos primários; antes, dá-lhe as mãos para que progrida.

Assim também é a doutrina espírita, devidamente guardada e iluminada em seus postulados e em suas lições.

Quanto às manifestações dos desencarnados, sejam eles quais forem – Espíritos sofredores, Espíritos de evolução primária, Espíritos em condições dolorosas no mundo espiritual –, todos encontram agasalho na doutrina espírita, da mesma forma que o homem, esteja na meninice ou na madureza, encontra apoio na escola quando quer estudar buscando a própria iluminação.

Como os Espíritos amigos interpretam o fenômeno da juventude de hoje, com as suas tendências libertárias?

Vamos agradecer ao nosso querido entrevistador Saulo Gomes pela gentileza; entretanto, é preciso que me explique acerca do título, porque estou muito longe de ter mestria em qualquer ramo da atividade humana. Sou apenas um companheiro, um servidor de todos, especialmente do nosso grande amigo, que nos entrevista neste momento.

Os nossos amigos espirituais costumam dizer que devemos acolher no coração a mocidade atual, com suas características e os seus anseios de liberdade. Esclarecem, mesmo, que a maioria dos jovens atualmente reencarnados conosco na Terra não se constitui de Espíritos que procedam de faixas de evolução diferentes da nossa.

Em muitos casos, os jovens apresentam ideias talvez caprichosas para nós outros, que já atingimos a madureza, mas estamos nas vésperas do próximo século, início do terceiro milênio. Atravessamos uma época de transição, em que as ideias de liberdade e de renovação chegam até nós com um impacto muito grande. Assim, precisamos compreender a jovem guarda como a nossa família necessitada de orientação, de educação, como todos nós. Precisamos estabelecer um acordo para que o jovem encontre apoio nos Espíritos amadurecidos, e que os Espíritos amadurecidos encontrem, também, a compreensão da chamada jovem guarda.

"O moço pode e o mais velho sabe." Convém que a experiência esteja unida à possibilidade de realização para que cheguemos, na Terra, ao verdadeiro progresso.

A jovem guarda merece a nossa consideração, o nosso amor, como se toda ela fosse constituída de filhos nossos, necessitados de amor, de assistência e de orientação.

Todos nós, na juventude, também tivemos anseios de liberdade. Hoje, damos graças a Deus por todos aqueles que nos ampararam e nos apontaram o caminho, com paciência e com respeito, sem ferir ou aumentar as nossas aflições de alma e nossos propósitos de progresso e evolução.

Na sua vida mediúnica, conheceu amigos suicidas reencarnados?
Alguns. Tendo começado a tarefa mediúnica em 1927, há quase quarenta e um anos, tive tempo suficiente para observar alguns casos, e posso dizer que todos aqueles que vi reencarnados depois do atentado contra eles mesmos traziam consigo os sinais, os reflexos da leviandade que haviam perpetrado.

Contudo, devemos respeitar os suicidas como criaturas extremamente sofredoras que, muitas vezes, perderam o controle das próprias emoções, raiando em desrespeito a si próprios.

Os resultados do suicídio acabam sempre impressos naqueles que o perpetram. Desse modo, dois companheiros que se suicidaram com bala no ouvido – e que revi, no espaço –, depois de dez anos, vi-os reencarnados na condição de crianças retardadas num estado de extrema idiotia. Outro companheiro, que se suicidou com veneno, renasceu como uma criança que trazia já o câncer na garganta, tendo desencarnado pouco tempo depois.

Os Espíritos me explicaram que, muitas vezes, o suicida, quando reencarna, como que destrói os tecidos do novo corpo; a desencarnação, ou a morte propriamente considerada, ocorre logo depois do nascimento ou algum tempo depois. Aí, então, o Espírito estará em condições de aprender quanto vale a vida. Deseja viver, mas não consegue, conseguindo, enfim, depois de grande esforço.

Aproveitando a oportunidade do seu profundo conhecimento da matéria, perguntamos: os Espíritos acham que os sofrimentos dos suicidas decorrem de um castigo de Deus?

Não. Não decorrem de um castigo de Deus, porque Deus é a Misericórdia Infinita, a Justiça Perfeita. Emmanuel sempre me explica, e outros amigos espirituais, lecionando sobre o assunto, também explicam que, quando atentamos contra o nosso corpo na Terra, ferimos as estruturas do nosso corpo espiritual. Infligimos a nós mesmos essas punições.

Se malbaratamos o crânio com um tiro, destruímos determinados recursos do nosso cérebro espiritual; se nos envenenamos, perturbamos determinados centros de nossa alma; se nos projetamos de grande altura, perturbamos, também, os ligamentos, as estruturas, as conexões de nosso corpo espiritual, e permanecemos no além com os resultados do suicídio para depois, ao reencarnarmos na Terra, trazermos as consequências em nosso próprio corpo.

Nosso Chico Xavier, variamos muito o estilo das perguntas porque sabemos que é necessário e oportuno levar ao grande público uma autêntica lição, principalmente de humanidade. Daí, então, a pergunta que faço agora: como é que o mundo espiritual encara a situação dos avarentos na Terra?

Os avarentos, os sovinas, realmente são Espíritos doentes. Emmanuel costuma dizer: a criatura que amontoa, amontoa e amontoa os recursos materiais, sem nenhum proveito no trabalho, na educação, na beneficência, no socorro em favor dos semelhantes, está desequilibrada. Quem assim procede está doente e, decerto, na próxima reencarnação, enfrentará o resultado desse desvio da realidade.

Os Espíritos amigos consideram o dinheiro como sendo o sangue da sociedade. Quando colocamos o dinheiro simplesmente em um canto, sem programa, só para que funcione em proveito dos nossos caprichos, estamos operando no organismo social aquilo que chamamos "trombose" na circulação do sangue. Impedindo a circulação, vamos pagar as consequências do nosso ato impensado.

Não podemos, de maneira nenhuma – dizem os nossos amigos espirituais –, condenar o dinheiro ou desfigurar a missão do dinheiro a pretexto de que nossos irmãos abastados estejam em condições de felicidade maiores que as nossas. Devemos compreender os que desfrutam a riqueza material como administradores dos bens de Deus. E tantos deles, mas tantos deles, se fazem nossos benfeitores criando trabalho, estimulando a caridade, auxiliando a educação, fundando escolas, protegendo crianças desamparadas, salvando enfermos desprotegidos.

Precisamos valorizar os companheiros que são portadores da fortuna material, cooperando com eles para que possam administrar bem esses recursos, pois são profundamente responsáveis diante do Senhor, como também aqueles nossos irmãos pobres, que são mais pobres, vamos dizer assim, porque todos nós somos ricos diante de Deus.

Deus nos fez a todos ricos de saúde, ricos de força, de esperança e de fé. A palavra "pobre" é um tanto imprópria para nossa conversação. Digamos: os que estão em penúria material, mas que são humildes diante de Deus, pois não adianta também a penúria material quando nós estamos num estado de inconformação, de rebeldia. Os mais ricos e os menos ricos são irmãos diante de Deus, e nós devemos valorizar os portadores do dinheiro.

A quem pertencem os direitos autorais dessas dezenas de livros psicografados, muitos deles a partir de 1932?

Todos esses livros estão com os direitos doados às instituições espíritas do Brasil que os editam. Em maior número, com a Federação Espírita Brasileira, sediada na Guanabara, e na Comunhão Espírita Cristã, sediada em Uberaba. Os direitos autorais pertencem a essas instituições e a outras instituições espíritas que os publicaram.

Então quem trabalha tanto e trabalhou tanto até agora, nada recebe pelo trabalho?

Graças a Deus, nunca entrou em nossas cogitações receber qualquer remuneração pelos livros psicografados, que os nossos amigos espirituais consideram como sendo um depósito sagrado.

Mas é preciso que eu me explique. Tenho tido uma compensação muito maior que aquela que pudesse vir ao meu encontro através do dinheiro: é a compensação da amizade. O espiritismo e a mediunidade trouxeram-me amigos tão queridos, que me dispensam tanto carinho, que eu me considero muito mais feliz com esses tesouros do coração, como se tivesse milhões à minha disposição.

O Espírito André Luís descreveu a experiência da sua vida na condição de desencarnado, numa cidade espiritual no seu livro, exatamente este que aqui está, traduzido para o japonês [*Nosso Lar*]. Como médium, o senhor pode atestar cidades como essa, fora do plano terrestre?

Eu não posso transferir a minha certeza àqueles que me ouvem, mas posso dizer que, em 1943, quando o Espírito André Luís começou a escrever por nosso intermédio, senti grande estranheza com o que ele ditava e escrevia. Certa noite, tomadas as providências necessárias, segundo a orientação de Emmanuel, ele próprio e André Luís me leva-ram a determinada parte, a determinado bairro da cidade de Nosso Lar. Posso dizer que fui em desdobramento espiritual na chamada zona hospitalar da cidade. Foi para mim uma excursão espiritual inesquecível, como se eu desfrutasse os favores de um Espírito liberto.

Mas eu preciso explicar aos telespectadores que fui em função de serviço, naturalmente, assim como um animal – no tempo em que não tínhamos automóvel, locomotiva e avião –, um animal que serve a professores em determinados tipos de viagem. Vi muita coisa mara-vilhosa sem compreender tudo, ou entendendo muito pouco, porque fui em função de serviço, não por mérito.

Quais são as suas impressões quando psicografa um dos romances de Emmanuel ou um livro de André Luís, por exemplo?

Em verdade, eu não sei as palavras, não tenho conhecimento do de-senvolvimento verbal daquilo que o amigo espiritual está escrevendo, mas eu me sinto dentro do clima do livro que eles estão escrevendo.

Por exemplo: quando nosso amigo espiritual Emmanuel começou a escrever o livro Há dois mil anos, em 1938, comecei a ver uma cidade, depois vim a saber que era Roma. Havia jardins na cidade e aquilo me conturbou um pouco, causou-me um certo assombro. Perguntei a ele sobre isso, e ele me disse que eu estava escrevendo com ele como com alguém debaixo de uma hipnose branda. Eu estava no seu pensa-mento, conquanto não soubesse as palavras que ele escrevia. E assim tem sido até hoje.

Mestre Chico Xavier – me perdoe que insista em chamá-lo assim –, como os Espíritos encaram o problema das mortes repentinas para uns e das mortes precedidas de duros sofrimentos para outros?

Os amigos espirituais têm me ensinado, nesses quarenta anos de trabalho mediúnico, que no mundo espiritual todos os nossos amigos se esmeram para que tenhamos, na Terra, o máximo de tempo no corpo. Há casos em que as longas moléstias são abençoadas preparações do nosso Espírito para a vida maior. As mortes repentinas, as desencarnações improvisadas, quase sempre são provações e, às vezes, ocorrências inevitáveis no mapa de trabalho trazido pelo Espírito ao reencarnar. Mas estejamos convencidos de que as longas moléstias são abençoados cursos preparatórios para que nos libertemos de muitos caprichos e muitos hábitos que pertencem à vida física, mas sem significação na vida maior.

Tem algum fato em sua experiência mediúnica que o tenha obrigado a pensar mais seriamente na fraternidade humana?

Todas as mensagens que temos recebido durante o tempo de nossas singelas atividades na seara mediúnica nos impelem a compreender a necessidade de esforço para que cheguemos à fraternidade sentida, mas respeitando o tempo dos telespectadores, e pedindo sua permissão, lembraremos aqui um fato de muita significação que ocorreu em minha vida. Creio, não deveria levantar qualquer lance autobiográfico, mas é preciso que recorra a um deles para explicar a lição que recebi.

Em 1939, desencarnou um de meus irmãos, José Cândido Xavier, deixando sob nossa responsabilidade a viúva com dois filhinhos. A viúva de meu irmão era uma moça extraordinária, humilde e bondosa. Em 1941, ela foi acometida de grave distúrbio mental. O assunto é longo e vou resumir para que não venhamos a tomar muito tempo.

Depois de alguns meses em que a viúva de meu irmão – que sempre consideramos nossa irmã muito do coração – estava conosco em casa, doente, o caso agravou-se, requerendo internação numa casa de saúde mental, o que foi providenciado em Belo Horizonte com o auxílio de médicos amigos da cidade de meu nascimento, Pedro Leopoldo, perto da capital de Minas Gerais.

Acompanhei minha cunhada, a quem sempre dispensei muita consideração e carinho, e, ao interná-la na casa de saúde mental, observei o estado de muitos enfermos que ali estavam, naturalmente abrigados, com muita segurança, proteção e assistência.

Voltei para casa com o coração muito abatido. Era noite. O segundo filho de minha cunhada com meu irmão era uma criança paralítica. A criança chorava e eu me enterneci muito ao ver o pequenino sem a presença materna. Sentei-me e comecei a orar. As lágrimas vieram-me aos olhos ao lembrar meu irmão desencarnado muito moço ainda, a viúva tão cedo também, numa prova tão difícil! Na incapacidade de dar a ela a assistência precisa, senti que minha dor era muito grande!

Achegou-se, então, a mim, o Espírito de nosso amigo Emmanuel. Perguntou-me por que chorava. Contei-lhe que, naquela hora, eu me enternecia muito por ver minha cunhada numa casa de saúde mental em condições assim precárias. "Não!", disse ele. "Você está chorando por seu orgulho ferido. Você, aqui, tem sido instrumento para a cura de alguns casos de obsessão, para a melhoria de muitos desequilibrados. Quando aprouve ao Senhor que a provação viesse de baixo de seu teto, você ficou com o coração amargurado, ferido, porque foi obrigado a recorrer à assistência médica, o que, aliás, é muito natural. Uma casa de saúde mental, um sanatório, um hospício, é uma casa de Deus. Você não deve ficar assim."

Disse-lhe, então, que concordava, e pedi-lhe, como Espírito benfeitor, que trouxesse a minha cunhada de volta ao lar, pois a criança, o seu segundo filho, era paralítico, e aquele choro atestava a falta que o pequenino sentia dela.

"Ela voltaria", afirmou-me. Mas aquele "ela voltaria" poderia ser depois de muito tempo – que de fato aconteceu só depois de dois anos.

"Eu queria que ela voltasse depressa", disse a ele impaciente.

"Imaginemos a Terra", respondeu-me, "como sendo o Palácio da Justiça, e ela como sendo uma pessoa incursa em determinada sentença da Justiça. Eu sou seu advogado e você é serventuário no Palácio da Justiça. Nós estamos aqui para rasgar ou cumprir o processo?"

"Para cumprir", respondi. Continuei, porém, chorando por observar o assunto ser mais grave do que pensava.

"Por que você continua chorando?", perguntou ele.

Querendo me agastar, muito indevidamente, porque a minha atitude era desrespeitosa diante de um amigo espiritual tão grande e tão generoso, disse-lhe: "Estou chorando porque, afinal de contas, o senhor precisa saber que ela é minha irmã!"

"Eu me admiro muito", respondeu-me, "porque, antes dela, você tinha lá dentro, naquela casa, trezentas irmãs, e nunca vi você ir lá chorar por nenhuma. A dor Xavier não é maior que a dor Almeida, do que a dor Pires, do que a dor Soares, que a dor de toda a família que tem um doente. Se você quer mesmo seguir a doutrina que professa, em vez de chorar por sua cunhada, tome o seu lugar ao lado da criança que está doente, precisando de calor humano. Substitua nossa irmã, exercendo, assim, a fraternidade."

Foi uma lição que não posso esquecer!

Compreendendo que você começou com a mediunidade em 1927, como consegue perseverar com a mesma ideia no espaço dos últimos quarenta e um anos?

Desde o princípio da mediunidade, os Espíritos me habituaram à convivência com eles. Acredito que isso ocorreu dessa convivência, pois, desde os cinco anos de idade, quando perdi minha mãe no plano material, sinto-me em contato com os Espíritos desencarnados. A princípio na Igreja católica, e depois, mais tarde, desde 1927, no espiritismo propriamente considerado.

Creio que foi a convivência com os amigos espirituais. Eles, como por misericórdia, me controlaram, me ajudaram a compreender a obrigação de atendê-los. Desse modo, essa perseverança não é devida a mim, mas à influência deles.

Francisco Cândido Xavier, médium Chico Xavier, como os chefes da Igreja católica o veem, o entendem, o compreendem?

Até os quinze, dezesseis anos de idade, estive nas práticas católicas e encontrei nas pessoas dos sacerdotes grandes amigos.

Em 1927, quando me afastei das práticas católicas e despedi-me daquele que era um particular amigo, o padre Sebastião Scarzelli, pedi que me abençoasse, que orasse por mim e pedisse à nossa Mãe Santíssima que me abençoasse. Ele prometeu-me que faria isso porque sabia dos meus conflitos interiores, das minhas dificuldades.

Todos os nossos amigos católicos, também, sempre me trataram com muito respeito, e só tenho a agradecer-lhes pela bondade com que me tratam até hoje, tanto em Pedro Leopoldo, onde nasci, como aqui em Uberaba, onde estou praticamente há dez anos, vinculado à família uberabense, da qual recebo as maiores provas de estima e bondade, de católicos e profitentes de outras religiões.

Chico Xavier, homem que representou o Brasil noutros países, nós concluímos pedindo apenas que nos diga os países que já visitou para participar de trabalhos sérios, importantes, bem à altura do seu gabarito e da sua seriedade.

Creio que visitei esses países do exterior por acréscimo da misericórdia da Providência Divina, pois, realmente, não tenho títulos nem merecimentos para viagens culturais.

Em 1965, recebemos um convite para ir aos Estados Unidos, a fim de, com alguns amigos brasileiros e norte-americanos, estudar a possibilidade de instalar na grande nação irmã um núcleo de estudo do espiritismo kardequiano. Pude estar com nossos amigos, como os nossos grandes companheiros mr. Haddad, mr. Harrison e outros.

Da América do Norte, fomos convidados a visitar algumas atividades espíritas na Inglaterra, tendo sido recebidos ali, com muito carinho, pelo grande jornalista e escritor inglês mr. Maurice Barbanell.

Da Inglaterra, aproveitando a oportunidade, pois estávamos em uma equipe de três companheiros, passamos alguns dias na França, visitando instituições espíritas no Sul e em Paris, para depois passarmos alguns poucos dias na Itália, na Espanha e em Portugal.

Chico junto com nossa equipe da TV *Tupi*.

A segunda entrevista
Agosto de 1968

[SAULO GOMES] **Chico Xavier, que opinião deram os amigos espirituais sobre a causa da morte de nosso João Boiadeiro, o primeiro doente que recebeu transplante de coração no Brasil?**

[CHICO XAVIER] A esse respeito ouvi particularmente dois amigos, médicos desencarnados, o dr. Adolfo Bezerra de Menezes e o nosso amigo André Luís, que foi médico muito distinto no Rio de Janeiro. Os dois guardam a mesma opinião geral, informando que o problema foi de rejeição. Portanto, um ponto coincidente com aquele assinalado por todos os grandes mestres, como Zerbini, especialmente, nosso médico brasileiro.

Os mesmos amigos espirituais, no caso, apresentam alguma ideia para segurança e êxito em operação dessa natureza?

Esses dois amigos nossos nos disseram que, por enquanto, é impossível que a ciência determine a causa dessas dificuldades – não vamos dizer fracassos –, porque a causa de tudo isso remonta ao corpo espiritual, e não podemos exigir que a ciência abrace afirmativas nossas sem experimentação positiva. Mas a ciência vencerá o problema.

O dr. Bezerra de Menezes, que é um grande médico na espiritualidade maior, diz que precisamos considerar o problema por uma questão de deontologia médica, em dupla face: o problema do doador e do receptor. Diz ele que a ciência médica aperfeiçoará os processos da chamada ressuscitação cardiopulmonar externa através de massagens mais aperfeiçoadas e equipamento elétrico seguro para a defesa do doador. Feito esse trabalho de defensiva, o eletroencefalograma assinalará o silêncio cerebral ocorrido com a desencarnação.

Passamos, então, ao problema da vitória para o receptor. Diz ele que, não podemos nos esquecer, a ciência médica contornará o problema com os recursos imunológicos mais perfeitos e talvez com o concurso da hipnose com orientação científica, que poderá colaborar muito a benefício do êxito do receptor. Ele acrescenta, porém, que uma ala muito grande da medicina, com muita propriedade e segurança de atitude, pugna pelo fabrico de órgãos de plástico, e que isso é um problema a ser considerado com urgência para benefício de todos, porque à medida que progredirmos na indústria, vamos dizer, de órgãos de plástico, poderemos diminuir o problema da angústia no campo dos doadores.

Seria essa, portanto, a opinião dos amigos espirituais acerca dos transplantes de órgãos?

Justamente. Eles dizem que isso é um problema da ciência muito legítimo. Assim como nós utilizamos o motor de um carro, com os demais implementos estragados, num outro carro que esteja com os seus implementos perfeitos, mas com o motor inutilizado.

Não podemos comparar o homem com o automóvel, mas podemos adotar o símile para compreender que o transplante de órgãos é muito natural e deve ser levado adiante.

Os Espíritos acreditam que o transplante de órgãos seja contrário às leis naturais?

Não. Eles dizem que, assim como nós aproveitamos uma peça de roupa que não tem utilidade para determinado amigo, e esse amigo, considerando a nossa penúria material, nos cede essa peça de roupa, é muito natural, ao nos desvencilharmos do corpo físico, que venhamos a doar os órgãos prestantes a companheiros necessitados deles que possam utilizá-los com segurança e proveito.

Há uma pergunta que queremos ler com muita atenção. Dizem os Espíritos que o corpo físico é uma duplicata do corpo espiritual. No transplante do coração, não haverá um choque entre a existência do órgão que permaneceu no corpo astral ao lado do que foi substituído?

Por isso mesmo o nosso amigo André Luís considera a rejeição como um problema claramente compreensível, pois o coração do corpo espiritual está presente no receptor. O órgão astral, vamos dizer assim, provoca os elementos da defensiva do corpo que, os recursos imunológicos, em futuro próximo, naturalmente, vão sustar ou coibir.

Que pensar da situação do doador de órgãos no momento da morte, uma vez que o seu instrumento físico se viu despojado de parte importante?

É o mesmo que sucede com uma criatura que cede os seus recursos orgânicos a um estudo anatômico, sem qualquer repercussão no Espírito que se afasta, vamos dizer, da sua cápsula material.

O nosso amigo André Luís considera que, excetuando-se determinados casos de mortes em acidentes e outros casos excepcionais, em que a criatura necessita daquela provação, ou seja, do sofrimento intenso no momento da morte, esta, de um modo geral, não traz dor alguma, porque a demasiada concentração do dióxido de carbono no organismo determina a anestesia do sistema nervoso central, diz ele.

Estou falando como médium, que ouve esses amigos espirituais. Não que eu tenha competência médica para estar aqui pronunciando-me em termos difíceis.

Eles explicam que o fenômeno da concentração do gás carbônico no organismo altera o teor da anestesia do sistema nervoso central, provocando um fenômeno que eles chamam de acidose. Com a acidose vem a insensibilidade, e a criatura não tem esses fenômenos de sofrimento que nós imaginamos. O doador, naturalmente, não tem, em absoluto, sofrimento algum.

Os Espíritos, por acaso, auxiliam doadores e receptores de órgãos, bem como as equipes cirúrgicas que se empenham em tão duras tarefas?

Auxiliam, e muito. Os Espíritos amigos dizem que a missão do médico se reveste de tamanha importância que mesmo o médico absolutamente materialista está amparado pelas forças do mundo superior em benefício da saúde humana.

Nós não podemos nos esquecer, também, que outros médicos que desencarnam na Terra passam a estudar a medicina em outros aspectos, em aspectos mais evoluídos, no mundo espiritual, e reencarnam com determinadas tarefas.

Há tempos, ouvi o Espírito de um médico amigo, que conheci muito em Belo Horizonte e que era devotado à cancerologia. Ele informou-me que, no espaço, está estudando a cancerologia desdobrada em outros aspectos e outros fenômenos, pretendendo reencarnar dentro em breve para estar conosco, em princípios do século futuro, aperfeiçoando as técnicas e estudos da cancerologia na Terra.

Qual a situação de um doador de órgãos após a intervenção cirúrgica, uma vez constatada a sua desencarnação?

É uma situação pacífica, porquanto o fenômeno é igual ao daqueles amigos nossos, às vezes jovens que serão amanhã grandes médicos, grandes anônimos, benfeitores da humanidade, que cedem suas vísceras a uma sala de anatomia para benefícios dos cientistas.

Podemos imaginar um possível encontro entre doador e receptor de órgãos no mundo espiritual, como no caso do operário Luiz Ferreira Barros e do boiadeiro João Ferreira da Cunha, agora também desencarnado?

Perfeitamente. Acreditamos, com segurança, que os dois se encontraram e devem desfrutar, entre os amigos espirituais, de uma posição de muita simpatia, pois ambos serviram, no Brasil, para uma experiência demasiadamente importante para a ciência do nosso país.

Acreditamos que eles ganharam com isso um mundo de vibrações simpáticas, e o reconhecimento que nós todos devemos a esses dois pioneiros, porque nós não os consideramos como mortos, mas, sim, como Espíritos eternos.

Os Espíritos falam que uma pessoa que está sofrendo agora está resgatando faltas do passado. No caso de um transplante de órgãos, como esse, terá obtido o enfermo um novo merecimento?

No caso do receptor, sim. Ele terá adquirido uma sobrevida, determinando moratória de extraordinário valor para ele.

O nosso amigo que foi beneficiado em São Paulo viveu, segundo notícias que temos, trinta dias, não sei bem. Mas é uma sobrevida extraordinária para uma criatura que tem muitos negócios, muitos assuntos a realizar, pois, com um mês, com vinte dias, pode solucionar enormes problemas e partir com muita serenidade, muita alegria, para o mundo espiritual.

E no caso – peço licença para fazer um desdobramento dessa pergunta – daquele que não tem muitos negócios, como o de João Boiadeiro?

Nós devemos considerar esse homem como um amigo, um benfeitor da humanidade, que serviu para nós todos como modelo para uma experiência aproveitável para as criaturas de grandes negócios, que interferem no destino de muita gente.

Não sabemos se esta pergunta está prejudicada: de modo geral, qual será a primeira impressão da criatura humana na ocasião precisa da morte?

Para todos aqueles que terminaram a existência terrestre com uma consciência tranquila, limpa, conquanto os muitos erros em que todos nós incorremos nesta existência, a impressão no outro mundo é de profunda alegria, de felicidade mesmo, no reencontro com as pessoas queridas que nos antecederam na grande transformação. Mas, quando malbaratamos os patrimônios da vida, quando não consideramos as nossas responsabilidades, é natural que soframos as consequências disso no mundo espiritual antes de voltarmos naturalmente à Terra, em novo renascimento, para o resgate a que se faz jus.

As impressões logo depois da morte terão alguma semelhança com o chamado desdobramento espiritual da pessoa viva, e tem você, ainda, alguma experiência com o Espírito fora do corpo e os efeitos do ácido lisérgico?

A experiência do desdobramento espiritual é muito semelhante à da desencarnação. Pelo menos o que tem ocorrido comigo, e segundo as instruções dos amigos espirituais, há muita semelhança do desdobramento mediúnico com o fenômeno da desencarnação.

Quanto aos efeitos do ácido lisérgico, devo dizer que, propriamente neste mundo, não tive nenhuma experiência dessa natureza. Mas, em outubro de 1958, ouvi, pela primeira vez, referência à mescalina, ao ácido lisérgico.

Aconteceu que um determinado dia – não me lembro qual, precisamente, no calendário –, amanheci com larga dose de pessimismo. Um espírito de indisciplina, de intemperança mental, acreditando que não era uma pessoa feliz, observando cada dificuldade como se tivesse uma lente nos olhos para aumentá-las em todos os sentidos.

Perguntei ao Espírito de Emmanuel, que nos dirige há muitos anos, se eu poderia ter uma experiência dessa com amigos de Belo Horizonte. Ele me disse que eu não precisava ter essa experiência e que me facultaria um ensinamento, nesse sentido, na primeira oportunidade.

Quando foi à noite, vi-me no desdobramento fora do corpo. Emmanuel se aproximou de mim informando que iria fazer a experiência desejada. Colocou uma bebida branca num copo – naturalmente em outro estado de matéria – e disse-me que aquele líquido era um alcaloide que iria me facultar experiência semelhante à que se tem com o ácido lisérgico. Depois que bebi aquela bebida, que era um tanto quanto amarga, comecei a me sentir muito mal, senti que estava entrando num pesadelo, vendo animais monstruosos em torno de mim, vendo criaturas de interpretação difícil, cenas muito desagradáveis, e acordei com a impressão de muito mal-estar, passando um dia terrível.

Em outubro, na minha terra, comumente, temos muita bruma seca, e vi, então, o sol como se fosse uma fogueira incendiando o céu, e a bruma seca como se fosse a fumaça daquela fogueira. Tudo me irritava, tudo me descontrolava.

À noite, então, ele me informou que na experiência que eu estava tendo e desejava, o alcaloide não fez senão aumentar os recursos que eu alimentava na minha mente. A bebida alterou minhas percepções e eu tive resultado: via desde fora de mim o que estava acontecendo dentro de mim.

Com o espírito aflito, porque a situação era muito desagradável, pedi instruções para readquirir minha tranquilidade. Mandou-me que orasse, procurasse recolher-me ao silêncio e não falasse, e procurasse um lugar onde praticar o bem para adquirir vibrações de alegria.

Comecei a visitar doentes desamparados; procurar vibrações de simpatia aqui e ali, e, durante uns cinco dias, estive trabalhando para me desfazer daquele estado terrível da minha mente, que não era um estado muito longe daquele da alienação mental. No sexto dia, melhorou. Aquela nuvem passou e adquiri otimismo, compreensão da vida e paz de espírito.

À noite, ele me informou que eu passaria novamente pela mesma experiência, iria beber o mesmo alcaloide do mundo espiritual, semelhante ao da Terra. Tomei aquela bebida de gosto amargo e o meu otimismo se transformou numa expressão de alegria profunda, numa embriaguez de felicidade.

No outro dia, tive sonhos maravilhosos, como se estivesse numa cidade de cristal, como se o céu fosse todo de vidro, e qualquer luz se refletia em muitos ângulos.

Acordei feliz. Fui para a repartição e o meu chefe de serviço tinha, para mim, uma expressão angélica. Os meus companheiros estavam todos nimbados de uma luz que eu não podia explicar. Os livros pareciam encadernados por pedras preciosas. As plantas e os animais tinham luz. Eu sentia aquele anseio de comunhão, aquela vontade de abraçar as pessoas, como se todas fossem minhas e eu pertencesse a elas, sem nenhuma ideia de sexo, mas uma ideia, um desejo de transubstanciação, de transmutação em outros seres.

Durante uns quatro dias estive assim, naquele estado de alegria anormal. Ele, então, me disse: "Você também está vendo o seu estado mental aumentado pelo alcaloide. Está vendo o seu próprio mundo íntimo fora de você. Quero, então, dizer-lhe que é preciso ter muito cuidado, porque o cérebro terrestre está condicionado a guiar a nossa mente para os assuntos alusivos à vida humana. Nós não podemos estar nem muito à frente, nem muito na retaguarda. O cérebro está condicionado para guardar-nos em equilíbrio, a fim de que possamos suportar a carga dos acontecimentos da vida, das provas de que necessitamos."

Explicou-me, então, que a criatura, conforme o seu estado mental, traz para si mesma os próprios reflexos. Se a pessoa está muito triste, muito pessimista, e toma ácido lisérgico, cai numa condição temível e não se sabe quais serão as consequências. Se ela está muito otimista, pode cair num problema de irresponsabilidade. É um estado maravilhoso, mas é um estado de embriaguez incompatível com a nossa necessidade de lutar com os nossos problemas humanos, com os nossos deveres.

Nós estamos aqui para cumprir obrigações. Não estamos aqui para gozar de um céu imaginário, nem para fantasiar um inferno que devemos evitar.

Chegamos à conclusão de que o ácido lisérgico, ou um alcaloide qualquer, ou produto sintético que provoque essas sensações, são de resultados ruinosos se a ciência não entra no assunto.

Portanto, nós perguntamos: as drogas que produzem esses desequilíbrios temporários podem ser responsáveis por loucura ou obsessão?

A esse respeito, o nosso André Luís tem conversado muitas vezes comigo, naturalmente tentando vencer a minha ignorância de criatura sem recursos acadêmicos para dar à sua palavra a interpretação necessária.

Os Espíritos amigos, representados na sua pessoa, nos dizem que não só a viciação pelo ácido lisérgico, mas também por um outro alcaloide qualquer, opera a viciação de nossa vida mental. Quando entramos para a delinquência, quando caminhamos pelas vias da criminalidade, adquirimos distúrbios muito sérios para a nossa vida espiritual. Toda a vez que ofendemos alguém, dilapidamos a nós mesmos, porque estamos conturbando o mundo harmonioso em que se processa a nossa vida. Assim é que muitos Espíritos, muitas pessoas amigas desencarnadas que tenho visto em sofrimento no mundo espiritual, ao reencarnar, o fazem em condições mentais precárias, encontram-se em muitos graus de alienação mental, em muitos graus de enfermidade.

André Luís me disse que a nossa mente na vida natural libera substâncias químicas necessárias à preservação da nossa paz, ao cumprimento dos nossos deveres na Terra. Porém, quando nós conturbamos o binômio alma-corpo, caímos em problemas espirituais muito difíceis.

Assim é que muitos fenômenos da loucura e da obsessão, diz André Luís, são atribuíveis à liberação anormal das catecolaminas, da medula suprarrenal, tanto quanto dos seus depósitos outros no organismo, e assim, consequentemente, dos seus produtos de metabolização, como sejam, a adrenolutina e o adrenocromo, cujas ações específicas, interferindo na distribuição da glicose no cérebro, determinam alterações sensoriais muito grandes, alterações estas que serão estudadas com segurança pela medicina psicossomática do futuro.

Emmanuel, um grande evangelizador, diz que por isso mesmo Jesus afirmou: "O Reino de Deus está dentro de vós." Mas assim como *o Reino de Deus está dentro de nós, o reinado temporário do mal, ou das trevas, está também dentro de nós, quando nos afeiçoamos às trevas. E, acrescenta, às relações de André Luís, que "a ciência e a religião são as duas forças propulsoras e mantenedoras do equilíbrio na Terra". Sem a ciência, o mundo se converteria numa selva primitivista, sob o domínio da animalidade; mas sem a religião, converteríamos a Terra num hospício de largas dimensões em que a irresponsabilidade caminharia em todas as direções.*

Então, nós – os religiosos – e os cientistas, vamos caminhando lado a lado, com base na própria ciência e segundo os ensinamentos religiosos de todas as raças. É do equilíbrio das nossas emoções que resulta a saúde perfeita, o corpo sadio.

Uma pessoa, por exemplo, está no mundo espiritual em posição precária quanto a sua vida mental, e reencarna em condições difíceis. Logo na primeira meninice aparece a esquizofrenia. Temos aí um caso que pode ser curável, conforme o merecimento espiritual da criatura. Curável porque o problema da emoção conturbada já desencadeou determinados distúrbios mentais que desregulariam as fontes de distribuição das substâncias químicas do nosso organismo.

Temos muita coisa para estudar no futuro. Todavia, podemos asseverar que o mal será sempre um fator desencadeante de doença, seja ele qual for.

Peço licença para dizer que não estou falando por ter ciência de mim mesmo. Estou falando como uma pessoa que ouve dos amigos espirituais. Por exemplo, eles falam que a libertação anormal das catecolaminas, a que nos referimos, gera produtos de decomposição da adrenalina, como sejam, a adrenolutina e o adrenocromo. Vai-se estudar muito a esse respeito, em matéria de psicologia e de psiquiatria, a fim de curar, pois essas doenças são todas curáveis, são sustáveis, podem ser paralisadas.

Eu digo não por mim, mas porque ouço André Luís. Se eu estiver cometendo alguma impropriedade para os amigos telespectadores laureados com títulos acadêmicos, que não possuo de forma alguma, peço perdão como uma pessoa que está interpretando mal a palavra dos Espíritos. Os Espíritos me ensinam muita coisa, mas não tenho recursos para transmiti-las. Gostaria de ser uma pessoa com mais instrução, com mais valores culturais.

Peço ao nosso amigo Saulo Gomes este parêntese para pedir perdão por alguma tolice que esteja falando. Estou tentando transmitir a palavra dos Espíritos, aos quais muito pedi que me orientassem e ajudassem nessa conversação de hoje. Passei o dia orando, pedindo compreensão da responsabilidade de uma conversação dessas na televisão. Dediquei a vida inteira aos bons Espíritos e peço a eles que me ajudem a cometer a cota menor possível de erros, porque não tenho mesmo recursos. Estou falando porque ouvi.

Os Espíritos informam se as pessoas que morrem recebem assistência no outro mundo?

Não há ninguém desamparado. Assim como aqui na Terra, na pior das hipóteses, renascemos a sós, em companhia de nossa mãe, mas nunca sozinhos, no mundo espiritual também a Providência Divina ampara todos os seus filhos.

Ainda aqueles considerados os mais infelizes pelas ações que praticaram, e que entram no mundo espiritual com a mente barrada pela sombra que eles próprios criaram em si mesmos, ainda esses têm o carinho de guardiães amorosos que os ajudam e amparam no mundo de mais luzes e mais felicidade.

Diante das informações que você dá de contatos com os amigos que já não estão mais neste mundo, poderá recordar como nasceu no seu pensamento a primeira ideia do mundo espiritual?

Devo dizer que tenho dito isso em diversas ocasiões e posso reafirmar aqui: a minha ideia com respeito à imortalidade da alma nasceu em meu cérebro quando estava com quatro para cinco anos de idade.

Minha mãe era católica e nos ensinava o caminho da oração e da meditação. Vendo-se às portas da morte, e sabendo que meu pai estava desempregado, preocupada com os seus nove filhos, todos menores, pediu às amigas que se incumbissem deles, guardando-os até que meu pai pudesse reavê-los para o lar.

Quando ela me entregou para uma senhora (ela pediu a nove amigas), eu lhe disse: "Mas minha mãe, a senhora está me dando assim para os outros, a senhora que é tão boa! Nós queremos a senhora tanto bem e está nos entregando assim, mamãe, para os outros?"

Naquele tempo, eu tinha quatro para cinco anos, mas estou repetindo a cena com meu pensamento ligado ao coração materno. Então ela fez um olhar de muito espanto e disse: "Não você! Eu já dei sete crianças e nenhuma reclamou. Você não pode admitir que eu esteja desprezando vocês", falou com dificuldade. "Acompanhe Ritinha" – essa era a amiga que se incumbiu de ficar comigo – "e procure se comportar bem. Eu vou sair daqui, todo mundo vai dizer que eu morri e não volto mais. Não acredite nisso, mas acredite que sua mãe vai voltar para buscar vocês todos. Eu não vou morrer, e se eu demorar muito, mandarei uma moça buscar vocês." Isso ela disse compreendendo que meu pai era um homem ainda moço, com nove filhos, e que era natural que fizesse um segundo casamento, como fez.

"Você vá com confiança, porque eu não vou morrer, eu vou sair daqui carregada." Naturalmente, ela falava assim para apaziguar o meu

coração, que sofria muito com aquela perda. No outro dia, minha mãe desencarnou. Todo mundo chorava, mas eu confiava na sua palavra.

Fui morar com essa senhora que, apesar de ser uma criatura de qualidades muito nobres, às vezes ficava nervosa. Em meu caso, ela ficava nervosa diariamente, e, então, eu apanhava bastante com vara de marmelo.

Minha mãe nos ensinou a prece. Toda a noite, entre oito e nove horas, acendia a lamparina de querosene, punha-nos de joelhos para fazermos a prece, pedirmos o socorro de Deus e de nossa Mãe Santíssima.

Quando aquela senhora saía à passeio à tarde com o marido e o sobrinho, que era para ela como um filho adotivo, eu corria para debaixo de uma bananeira e começava a rezar, conforme minha mãe me tinha ensinado, as orações de sempre.

Uma tarde, mais ou menos às seis horas, eu estava orando, quando me voltei e vi minha mãe atrás das folhas. Fiquei muito alegre. Na minha cabeça de cinco anos de idade, não havia problemas. Minha mãe dissera que não iria morrer e que viria me buscar, e eu não conhecia as dúvidas do povo na Terra, se existia ou não alma. Abracei minha mãe com aquela alegria, com aquele contentamento! Disse a ela que não nos separaríamos mais. Ela, entretanto, disse-me que estava em tratamento, precisava voltar e não podia ficar comigo. Viera cumprir a palavra de que estava comigo. Perguntei-lhe se sabia que eu apanhava. Disse estar informada de tudo e que eu devia ter muita paciência, que eu precisava mesmo apanhar e que aquilo era bom para mim.

Nesse dia, quando ela se despediu, me abençoou. Quando a senhora que tomava conta de mim voltou, disse a ela: "Dona Ritinha, eu vi minha mãe, hoje ela veio me ver!" "Meu Deus!", disse ela, "esse menino está ficando louco e, para consertar isso, uma boa surra agora!" E, *por causa da visão, eu levei uma surra. Começaram a luta e o conflito. Assim, minha primeira ideia foi obtida no seio da Igreja católica.*

Você, na qualidade de médium, já recebeu alguma mensagem sobre o tema do transplante?

Tenho aqui uma mensagem que foi recebida na manhã do dia 18 de junho, com alguns amigos de São Paulo. Vieram para cá e estávamos falando sobre a vitória do dr. Zerbini e sua equipe de médicos em São Paulo, em matéria de transplante. Depois disso, viemos orar, aqui mesmo, nesta sala da Comunhão Espírita Cristã. Como é natural, abrimos o Evangelho e a lição do dia caiu naquela parte em que Jesus encontra com Zaqueu, o rico daquele grande ensinamento da Boa Nova. Foi com grande alegria para nós que o dr. Bezerra de Menezes, que tem conversado muito conosco a respeito do assunto transplante, deu uma mensagem que gostaria de pedir a nossa Dalva. O assunto era transplante e eu pedi a ela para trazer.

"Deter-nos-emos, em nossa ligeira reunião, tão somente no assunto de vossos comentários, em nossa intimidade familiar.

Por que permitiria o Senhor que a ciência na Terra se decida, com tanto empenho, no estudo e na execução do transplante de órgãos e membros do corpo humano?

Notemos que a iniciativa se fundamenta em motivos respeitáveis. Isso vem lembrar a cada um de vós outros o tesouro do envoltório físico que não menosprezamos sem dano grave. Senão, vejamos. Tendes hoje máquinas avançadas para a confecção dos mais singelos serviços, no entanto, quem se lembraria de vender um braço a pretexto de possuir engenhos para a solução de necessidades essenciais?

Dispondes de carros velozes para o trânsito perfeito em terra, mar e ar; contudo, por guardardes semelhantes utilidades, não colocaríeis um pé no mercado de oferta e procura.

Vossos aparelhos de observação alcançam o firmamento e vasculham as mais obscuras paisagens do microcosmo; entretanto, isso não é razão para tabelares o preço de um dos olhos para quem aspire a comprá-lo.

Conseguistes laboratórios eficientes, nos quais a perquirição atinge verdadeiros prodígios; todavia, por essa razão, não cederíeis por dinheiro um dos vossos rins, os admiráveis laboratórios de filtragem que vos garantem a saúde.

Vede, pois, filhos, que todos sois Zaqueus; diante da vida, todos sois milionários da oportunidade e do serviço, no abençoado corpo que vos permite sentir, pensar, agir, trabalhar, construir e sublimar na causa do bem eterno.

Basta que aceiteis o impositivo da ação edificante e adquirireis empréstimos sempre maiores na Organização Universal dos Créditos Divinos. De todos os recursos, porém, que vos são confiados, o corpo físico é o mais importante deles, por definir-se como sendo o refúgio em que obtemos no mundo o valioso ensejo de progredir e aperfeiçoar a nós mesmos, na esfera da experiência.

Zaqueus da Terra, todos ricos de tempo e de instrumentos do bem, para a evolução e melhoria constantes, aprendamos a servir para merecer e merecer para servir cada vez mais."

— Bezerra de Menezes

. ✳ . ✳ .

CAPÍTULO **5**

Uma ousada campanha

DIFICILMENTE ENCONTRAMOS UM BRASILEIRO ACIMA DOS trinta anos que nunca tenha ouvido falar do Lar Caridade. Você se espanta agora por não saber o que é isso? Não se preocupe. Talvez você o conheça pelo nome popular: *Hospital do Fogo Selvagem*.

Mulher-Anjo

Na década de 1960, era muito forte o preconceito com a doença pênfigo foliáceo, popularmente conhecida como *fogo selvagem*. A ignorância provocava repulsa na sociedade, de maneira semelhante ao que acontecia com a hanseníase (lepra).

Em Uberaba, as vítimas do fogo selvagem eram rejeitadas pela rede hospitalar, que alegava motivos diversos para não as receber. Com feridas expostas e o característico mau cheiro provocado pela doença, elas lidavam com o desprezo por todos os lados. Imagine a situação desesperadora. Mas... no caminho delas, havia uma mulher. Um anjo. Uma guerreira incansável.

Aparecida Conceição Ferreira, humilde e simpática, era uma dedicada servente em um hospital da cidade. Incomodada com o abandono daqueles pacientes, decidiu, em um impulso, desligar-se do trabalho e levá-los para casa. Evidentemente, a família dela ficou desesperada – o marido até ameaçou divórcio. Não havia como acomodar tantas pessoas em uma casa tão modesta. Para piorar, a sra. Aparecida estava desempregada. Por motivos óbvios, a família acabou com a história. Era louvável a atitude da mulher, mas a aventura tinha que terminar.

A sra. Aparecida não se entregou. Resistiu com os pacientes em casa durante alguns dias. Então, em mais um ímpeto, invadiu, com os doentes, as precaríssimas instalações de um hospital desativado e improvisou um centro de cuidados.

Mas... e depois?

Capaz de tudo para ajudar aquelas pessoas, a sra. Aparecida chegou a pedir esmolas nas ruas. Solicitava doações a todos. Quando ganhava algo de valor mais considerável, promovia uma rifa.

Sem quantidade suficiente de remédios e de alimentos, e sem instalações confortáveis ou estrutura para a higiene de centenas de peças de roupas, ela intensificou a sua luta e conseguiu, em 1967, chegar ao programa de Hebe Camargo, então na TV *Record*. A história sensibilizou muitas pessoas. Artistas, como Roberto Carlos e Wanderley Cardoso, aderiram à campanha. Com isso,

Sra. Aparecida.

Para vender uma rifa, a sra. Aparecida foi para as ruas de São Paulo com alguns pacientes. A polícia prendeu-a sob a acusação de falsa mendicidade. Ela ficou retida por uma semana.

a sra. Aparecida ganhou um carro, que foi logo rifado. Doações de roupas chegaram aos montes. O laboratório Squibb deu-lhe crédito para compras da pomada Omcilon, usada para aliviar as feridas. Com o tempo, ela comprou alguns itens indispensáveis, como camas e banheiras (usadas).

A situação, no entanto, continuava precária. Desesperadora. Não havia médicos nem enfermeiros para ajudá-los. Alguns pacientes, quando melhoravam, arregaçavam as mangas para trabalhar, na medida do possível, ao lado da sra. Aparecida. Parte deles aproveitava as habilidades manuais que tinham – para bordados, por exemplo – para produzir peças e vender.

Chico e sra. Aparecida.

E a sra. Aparecida continuava firme. Lutava por pessoas por quem não tinha, oficialmente, responsabilidade nenhuma, mas por quem sentia uma obrigação moral que lhe atingia o fundo da alma. Podia, simplesmente, dizer "Chega!" e virar as costas. No fundo, ninguém a condenaria. Perante a sociedade, ela não tinha obrigações para com aquilo, e desistir seria simplesmente admitir o que já se sabia: a situação era uma "causa perdida". Mas não. Lá estava ela, determinada a lutar.

> A verdade é que anjos também precisam da ajuda de anjos. A sra. Aparecida era um anjo e, se suportou todas as adversidades, foi porque um outro anjo atravessou o seu caminho: Chico Xavier.

Um elo entre os fatos

Com o passar dos anos, por mais força que a sra. Aparecida tivesse naquela árdua luta, houve alguns momentos em que, sem Chico, ela poderia ter desistido – eis um dos motivos pelos quais ela o chamava de "deus da casa" (do hospital). Todo ser humano tem um limite. Quando se desesperava em função da escassez total de estrutura, ela falava em abandonar a causa e procurava Chico, que rapidamente a reanimava. Saía revigorada dos encontros, pronta para mais batalhas. No fundo, ela não queria abandonar nada; exausta, às vezes precisava de alguma força extra, e a encontrava em Chico.

Em uma ocasião, no entanto, acho que ela realmente quis abandonar a luta. O clímax aconteceu naquele mesmo ano de 1968.

Com o hospital em situação de penúria, a sra. Aparecida foi manipulada por um grupo de médicos e políticos que viram ali um meio de desviar dinheiro e usá-lo eleitoralmente. Criaram um tipo de associação para, em teoria, cuidar do hospital, mas excluíram a sra. Aparecida da administração. Como ela era necessária para a imagem do hospital, eles a mantiveram à frente do trabalho pesado, mas apenas com uma procuração para poder representar a entidade, sem poder de decisão.

Um dia, em 1968, talvez por não a considerarem mais indispensável para a imagem quando o assunto era arrecadar doações, o grupo cassou a procuração. A sra. Aparecida passou a ser mera figura que circulava por ali, sem nenhum tipo de vínculo oficial. Ao protestar, foi acusada de desviar dinheiro. Transtornada, ela correu até Chico e disse que ia abandonar definitivamente o hospital. "Não", disse Chico. "Você vai voltar, porque lá é o seu lugar. Aguarde os acontecimentos." Mas a sra. Aparecida estava atônita. Acusada de desvio de dinheiro, depois de tudo o que ela fizera? "Se você sair", disse Chico, sempre sereno, "deixará a impressão de que pegou mesmo dinheiro e que agora vai se afastar. Lá é o seu lugar." E ele frisou: *Aguarde os acontecimentos.*"

A sra. Aparecida decidiu ficar. Podiam manter cassada a procuração, podiam acusá-la de desvio de dinheiro – o importante era dar continuidade ao trabalho que tanto amava. Dezenas de pacientes, alheios a esses problemas, precisavam muito dela.

Seguir o conselho de Chico mostrou a ela que a vida pode nos surpreender de inúmeras formas. Fatos aparentemente sem nenhum vínculo, de repente, unem-se em um mesmo elo. *Apenas cinco dias depois, cheguei a Uberaba com a minha equipe para fazer aquela primeira entrevista com Chico Xavier na* TV. Definitivamente, não era à toa que eu estava ali.

Após a gravação da entrevista, Chico tomou a liberdade de me sugerir uma pauta. Claro que eu ouvi com todo o interesse do mundo. Eu sabia que algo bom viria; além disso, eu devia a ele uma atenção muito grande.

Pausadamente, Chico explicou a situação do hospital improvisado da sra. Aparecida. Eu me lembrava de ter visto aquela senhora na televisão, mas fora meses antes, e o assunto já havia "esfriado". Chico disse que gostaria muito de ver na TV uma reportagem que falasse do esforço sobre-humano daquela mulher, e das aflições dos pacientes. "Quem sabe você pode ir lá dar uma ajudinha a ela", disse Chico.

Como eu já disse, eu e a minha equipe voltamos ao hotel e dormimos um pouco. Então, por volta das dez horas da manhã, eu falei ao meu pessoal: "Temos que aproveitar para cobrir a festa do zebu aqui em Uberaba. Ainda temos um tempo de sobra. O Chico sugeriu uma pauta, e eu quero ir até o local."

Fomos, então, ao "hospital" da sra. Aparecida... e ficamos chocados.

A reportagem

Por mais que eu já soubesse sobre o "hospital" pela TV, e por mais que Chico tivesse me falado sobre aquele lugar, a minha imaginação não tinha me permitido chegar perto da realidade que vi pessoalmente. Dizer que fiquei chocado é pouco para definir a minha sensação.

"Ajudinha" era uma palavra comum no vocabulário de Chico. Era um modo de pedir um favor com humildade. Vale notar, aliás, que Chico pedia uma "ajudinha" para muitas pessoas necessitadas, mas nunca para ele próprio, nem mesmo indiretamente.

> Foi difícil me controlar. Repórter
> precisa de distanciamento, não deve
> se envolver, mas isso muitas vezes
> funciona apenas em teoria. Acima
> do repórter, há o ser humano.

A sra. Aparecida não sabia da nossa visita. Chegamos de surpresa, depois de pedirmos indicações a pessoas nas ruas. Logo avistamos um local pobre, em uma rua de terra esburacada. O que primeiro chamou a atenção foi um varal de uns trinta metros, cheio de roupas dos doentes. Um operador da equipe precisou descer do veículo para remover o varal, ou nós não conseguiríamos passar.

Chamamos a sra. Aparecida. Expliquei que estava ali a pedido de Chico, e isso abriu todas as portas para a nossa equipe. Ela disse:

> "Oh, meu amigo, que bom, o
> Chico é o deus da casa, é
> ele quem salva a gente."

Quando perguntei a um garoto – também vítima da doença – o que ele mais desejava ali, a resposta foi imediata e doída: "Remédio, pelo amor de Deus!"

Enquanto conversava com ela, o meu olhar treinado de jornalista, observador, analisava o ambiente. Eu me sentia cada vez mais incomodado.

Faltava comida. Remédios em quantidade correta era apenas um sonho. Para fazer render mais a pomada Omcilon, a sra. Aparecida a misturava com vaselina, o que diminuía a eficácia do medicamento. Centenas de peças de roupas, impregnadas de uma pomada difícil de lavar, eram fervidas em latas e esticadas naqueles enormes varais que tínhamos visto. Em períodos de frio – justamente como aquele que havia quando estive por lá –, os pacientes, não raro, desenvolviam problemas pulmonares. Como eram obrigados a ficar sem roupa durante as fases mais agressivas da doença (o tecido "colava" na pele), ficavam completamente expostos a baixas temperaturas. Para aliviar a situação, a sra. Aparecida acendia fogareiros entre as camas baixas e desconfortáveis. Além de não aquecerem adequadamente o espaço, os fogareiros ofereciam risco de intoxicação por fumaça.

Era um cenário de doentes refugiados em um campo de guerra. Em outra situação, eu diria que o inferno era ali. No entanto, havia certa paz no ambiente. A imagem era caótica, mas aquele era um local de *amor*. As *boas energias* da sra. Aparecida impregnavam o ar. Ela tratava os doentes como filhos.

Sem dúvida nenhuma, aquela história merecia um destaque na televisão. A sociedade precisava saber mais. Decidi que me entregaria de corpo e alma à reportagem.

Naquele momento, eu não imaginava a enorme proporção que o meu trabalho alcançaria.

A reportagem-campanha

A reportagem foi exibida no *Diário de São Paulo na TV*, da TV *Tupi*, às onze e meia da noite. Foi como pegar o Brasil todo e chacoalhá-lo, tão intensas foram as reações dos telespectadores.

Com isso, a reportagem transformou-se em uma *campanha nacional*. Naquela noite, avançando madrugada adentro, os telefones da *Tupi* não paravam de tocar. Pessoas perguntavam, chorando, como podiam ajudar o "hospital" da sra. Aparecida.

De manhã, entrei em contato com a sra. Aparecida. Foi difícil, porque a linha telefônica instalada no "hospital" estava cortada por falta de pagamento. Telefonei para a prefeitura e pedi que alguém mandasse um recado a ela: uma hora depois, eu ligaria de novo para a prefeitura, e ela deveria estar lá para atender. "Sra. Aparecida, a repercussão é enorme", eu disse. "Muitas pessoas já estão ajudando com doações, e muitas, muitas outras querem colaborar. Dê um jeito de vir a São Paulo com alguns dos seus pacientes. Eu não sei como, mas dê um jeito. Nem que a senhora tenha que pedir dinheiro emprestado. Venha rápido. A senhora precisa assumir a campanha, receber as doações."

Ela foi a São Paulo imediatamente. Hospedou-se em casa de conhecidos, na Zona Leste. Depois, eu a acompanhei até a diretoria da TV *Tupi*. Pessoas a aguardavam emocionadas, muitas com dinheiro e cheques nas mãos.

Em razão do alto volume de doações em dinheiro, decidimos levar a sra. Aparecida a um banco, para que ela abrisse uma conta corrente. No dia seguinte, abrimos contas em outros dois bancos, para facilitar ainda mais as doações. Ela assumiu todo esse processo, administrando sozinha as contas; ninguém mais tocou em dinheiro nenhum.

Enfim, a sra. Aparecida passou a usufruir certo conforto.

Note a sabedoria de Chico ao aconselhá-la a "aguardar os acontecimentos". Além da gigantesca ajuda que o "hospital" recebeu, a reportagem repeliu aquela equipe que havia envolvido a sra. Aparecida em um complô. Eles simplesmente se afastaram da entidade, e ninguém mais falou sobre o assunto.

Com a ampla repercussão da reportagem, esperava-se que o assunto fosse tema de conversas do povo por dois ou três dias.

Depois, outro tema viria. Assim é o jornalismo. Mas o assunto *Hospital do Fogo Selvagem de Uberaba* não esfriava. Conversas corriam em torno disso no Brasil todo. Mais e mais doações chegavam. Novas matérias foram feitas para retratar o estrondoso sucesso de uma reportagem que se transformara em campanha nacional.

No entanto, por mais que o assunto agradasse o público, e por mais meritória que fosse a reportagem-campanha, a história precisava chegar a um fim. Já havia reclamações de anunciantes da TV *Tupi*, aborrecidos com os espaços extras que a campanha tomava da programação. O departamento comercial queria encerrar o assunto.

Sete dias depois da primeira reportagem, em pleno fervor sobre o assunto, recebi, à tarde, uma ordem para encerrar a campanha. No jornal da noite, eu deveria recapitular o caso, mostrar

Em uma agência bancária em São Paulo, a sra. Aparecida recebe parte do dinheiro arrecadado pelo Exército da Salvação durante a campanha do Fogo Selvagem.

os resultados finais e agradecer ao público pela espetacular generosidade. Uma atitude dessas era normal em uma emissora de TV, mas eu me incomodei. Sabia que muito mais poderia ser feito pela obra da sra. Aparecida.

Falei com alguns colegas. Conversei com o chefe de reportagem, Gonçalo Parada, sempre um grande companheiro nas minhas jornadas. "Magrão, eu não posso fazer nada", ele me disse (Magrão era o meu apelido). "Se eles querem encerrar, encerre. A reportagem já rendeu bastante, muito mais do que todo o mundo esperava."

> **Não adiantava: eu estava inconformado. Então... tomei uma decisão ousada... a ponto de colocar em risco o meu emprego e até o meu futuro profissional. Eu não sabia se estava correto, mas eu tinha que fazer aquilo.**

Uma decisão radical

À noite, entrei ao vivo no telejornal. Divulguei números da campanha, ressaltei mais ainda os méritos da sra. Aparecida, agradeci à enorme generosidade do brasileiro. Tudo corria muito bem...

Até eu virar o jogo. Em vez de encerrar a campanha, anunciei: "[...] portanto, devido ao estrondoso sucesso da campanha e à generosidade sem fim dos brasileiros, além dos méritos da causa da sra. Aparecida, é com muito prazer que eu anuncio que a TV *Tupi* decidiu *continuar* com a campanha por mais alguns dias." Isso foi *ao vivo*. Não havia como a emissora contornar a situação!

Você pode imaginar como estava a minha mente depois que saí do ar. Sentia a minha cabeça em uma guilhotina. Tive muito receio, é claro, pois estava em jogo o meu trabalho, mas em nenhum momento eu me arrependi.

Havia pessoas na *Tupi* que me desejavam picado, frito e moído. Admito: elas tinham razão. Eu havia recebido uma ordem. A minha atitude requeria algo muito além de uma demissão por justa causa.

Resolvi usar o resto da noite para me preparar psicologicamente para o longo e difícil dia seguinte que eu teria. Certamente, eu seria convocado pela direção da TV.

```
Eu não imaginava, naquela noite,
que algo muito especial estava
reservado para mim, e por meio
do Nosso Chico. Eu só descobriria
isso na tarde seguinte.
```

Recado de Emmanuel

Na tarde seguinte, eu estava na emissora à espera da guilhotina no meu pescoço, quando algo surpreendente aconteceu. Uma pessoa, proveniente de Uberaba, deixou no prédio um envelope no meu nome. O remetente era Chico Xavier.

No envelope, havia uma mensagem de Emmanuel, psicografada por Chico; uns papéis escritos pelo próprio Chico, passando a limpo os garranchos da psicografia; e um bilhete. A mensagem fora recebida na noite anterior, momentos *antes* da minha participação no jornal. Chico ainda não sabia o que iria acontecer. Mesmo se já tivesse assistido ao jornal, não saberia que era falsa a notícia de que a emissora queria a continuidade da campanha. Muito menos sabia ele que o meu emprego estava em perigo.

Veja o conteúdo da mensagem e analise a beleza de tudo o que diz respeito a Chico:

Na noite de 5 de junho de 1968, às 21:45 h, foi feita uma prece e uma vibração em favor do repórter das Associadas Saulo Gomes que está encontrando dificuldades dentro da sua campanha a favor dos doentes do fogo selvagem da cidade de Uberaba.

Recebemos como resposta uma mensagem assinada por nosso bondoso irmão Emmanuel que segue na íntegra:

Caríssimo irmão,

Vós vos propusestes a prestar a caridade em auxiliar aos nossos irmãos que sofrem, e eu vos digo, irmão, não há na Terra missão mais bela que essa que vós vos propusestes a executar, mas também, caro irmão, devo vos dizer que todo aquele que precisa contar com a cooperação dos outros para cumprir essa tarefa está exposto à incompreensão. Mas eu vos digo, meu irmão, lute sem esmorecer, pois esses irmãos muito necessitam do seu auxílio e essa missão será doravante

orientada por nossa equipe, e
quando tiveres que se dirigir às
pessoas incrédulas saberás se
expressar com as palavras que
deverão ir ao coração de cada um.

Não vos esqueçais, irmão, que
todos os que se propuseram a
pregar o Evangelho ou a pedir a
caridade para outros infelizes
foram vítimas de escárnio e de
provações. Mas eu vos digo, meu
irmão, aceitai tudo resignadamente,
pois o Cristo, enquanto esteve
junto aos homens, também foi vítima
de descrença, e vós sabeis que
ninguém como Ele tinha em mente
salvar a humanidade. Que diremos
então irmãos da incompreensão
para com vós materiais, se
ela existe até para com fatos
apresentados por nós, Espíritos que
só queremos transmitir o bem e a
orientação (Que todos) possam nessa
passagem pela Terra praticarem a
caridade e aceitarem a provação
para que possam recolher os
frutos que o Senhor vos dará.

Eu vos digo, meu irmão,
vossa missão é sublime,
não desanimeis
e não espereis
reconhecimento, mas eu
vos digo: o Pai tudo vê
e tudo sabe, e só Dele
deveis esperar receber
a recompensa por tudo
que estais fazendo. Meu
irmão, nós estaremos
ao seu lado sempre
que o Pai permitir e
sempre que precisares
de uma orientação.

Meu irmão, que nosso
Pai te dê forças, que
o Senhor te ilumine
e abençoe, e aceite
o agradecimento
do seu irmão,

— Emmanuel

seria dos o bem e a orientação que
equipe e que fossem, nossa passo
dirigir os indicaram a caridade a aceitarem
poderás se aprovação para que fossem se olha
que deveras os fratos que o senhor vos dará
cada um Eu vos digo, meu irmãos, vossa
Mas vós muitos é sublime, mas desanimeis
todos os e não esperai reconhecimento, mais
prega o eu vos digo o Pai Tudo vê e tudo
a caridade até e só dele deveis esperar.
foram vã recebeu a recompensa por tudo que
de prova estais fazendo, Meu irmãos vós
meu irmã estamos ao seu lado sempre que o
rejeitadas Pai permitir e sempre que precisar
enquanto de uma orientação.
dão tem forças, Meu irmãos que Nosso Pai te dê
e vós sois e que o Senhor te ilumine
ele toda e abençoe e aceite o agradecimento
humanue do seu irmão.

                   Emmanuel.

entas é

para
socita
aprecent
que a

Imagine a minha emoção. Além de ser um sinal muito claro da seriedade do trabalho de Chico, aquele era um recado de que a espiritualidade maior me acompanhava e era solidária com o meu sacrifício.

"Coincidentemente" (vamos reforçar muito essas aspas), pouco depois, ainda na emissora, o presidente da *Tupi*, Edmundo Monteiro, enviou um bilhete a Cassiano Gabus Mendes, então diretor de programação e quem deveria decidir a minha punição (demissão?). Modéstia à parte, o sr. Monteiro tinha grande consideração por mim, como pessoa e como profissional, e isso era recíproco. Apesar da minha "rebeldia ao vivo", naturalmente passível de severa punição, ele queria que eu permanecesse na *Tupi*, e, no fim, aceitou de bom gosto a continuidade da campanha.

Veja o bilhete:

```
Cassiano
Consiga algum espaço na TV, para
o Saulo Gomes poder divulgar
a campanha do Fogo Selvagem. A
campanha é muito humana e temos
interesse em fortalecê-la.
— Edmundo
```

Comissão

Consiga algum espaço
em TV. para o Paulo
Gomes poder divulgar a
campanha do fofó
Salvador. A campanha
é muito bonita e tem
interesse em fortalecê-la

Que alívio!

Continuei a liderar a campanha na *Tupi*, aparecendo ao longo da programação muitas vezes. Incrivelmente, a campanha, em vez de esfriar – pois já existia havia alguns dias –, esquentou ainda mais. Posso afirmar que o grande *boom* da campanha foi nessa fase "pós-rebeldia de Saulo Gomes". As doações foram muito mais numerosas e valiosas!

Nessa fase, a equipe da sra. Aparecida ganhou geladeiras, máquinas de costura, televisores, roupas etc. Os exportadores de café de Santos, no estado de São Paulo, que já colaboravam com a obra de Chico, doaram uma lavanderia modelo, a mais moderna na época. Uma rede de lojas de roupas masculinas que funcionava diariamente até as seis horas da tarde anunciou que, por alguns dias, abriria as portas até as dez horas da noite, e que os rendimentos extras seriam direcionados à equipe da sra. Aparecida.

No total, foram dezesseis dias de campanha na *Tupi*.

Festa em Uberaba

Com os rendimentos da rede de lojas de roupas masculinas, o proprietário comprou uma Kombi branca, improvisou-a como ambulância, escreveu "Hospital do Fogo Selvagem" nas laterais e doou-a à sra. Aparecida. O veículo capitaneou a comitiva que seguiu a Uberaba (eu estava junto). Digo *"comitiva"* porque, para dar conta das doações, foram necessários trinta caminhões. Trinta!

O clima na cidade era muito festivo. O prefeito João Guido até decretou feriado no dia da chegada, com direito a desfile de estudantes e a banda da Polícia Militar. A sra. Aparecida foi recebida como heroína. Quanto a mim, eles não sabiam mais como agradecer – e eu nem esperava por isso. Jornais da cidade saudaram o nome Saulo Gomes em inúmeras notas. Três meses depois, a Câmara Municipal agraciou-me com dois títulos ao mesmo tempo: Cidadão Uberabense e Cidadão Benemérito.

Imagine a alegria do Nosso Chico com todos esses acontecimentos.

Mais benefícios

Dois meses depois da volta a Uberaba, o pessoal do "hospital" teve outras alegrias. O vice-presidente dos Diários Associados, em nome do sr. Edmundo Monteiro, presidente do grupo, esteve em Uberaba para inaugurar o *Hospital* do Fogo Selvagem. A partir dali, o local podia ser visto, sim, como um hospital, com

O título de Cidadão Uberabense possibilitou, não muito tempo depois, a minha participação, com Chico Xavier, no programa *Cidade contra Cidade*, apresentado por Silvio Santos. Você verá isso em outro capítulo.

Sra. Aparecida, eu e outros companheiros durante a campanha do Fogo Selvagem.

Segui em caravana até o Hospital do Fogo Selvagem.
Sempre com o microfone em mãos.

uma estrutura mais apropriada (por isso, deixo de usar aspas em "hospital", como tenho feito até agora no capítulo).

Outros benefícios vieram com o tempo. Por exemplo, o hospital foi um dos primeiros a ter autorização do Ministério da Educação e Cultura para manter um ensino oficial nas instalações. Em decorrência dos problemas da doença e do preconceito, crianças e jovens não conseguiam vagas em escolas, e por isso ficavam sem estudos. A partir de então, puderam estudar no próprio hospital. Daquelas turmas surgiram médicos, advogados, engenheiros. No primeiro ano de entrega de diplomas, estive na cerimônia para prestigiá-los, juntamente com a minha esposa, a minha sogra e a minha filha.

Um outro fato que mereceu destaque foi a presença da sra. Aparecida no Automóvel Clube de Uberaba. Imagine, um clube que gente humilde não podia frequentar naquela época. Conversei com a diretoria do clube, articulando um almoço beneficente para o hospital com uma homenagem à sra. Aparecida. E lá foi ela, como *convidada de honra* em um evento do Automóvel Clube. Imagine o que isso significou naquela época.

Fatos recentes

Nos três últimos anos de vida, a sra. Aparecida ficou cega. Ela deixou o hospital? Não! A *vida* da sra. Aparecida era aquele lugar. Ela continuou na administração. Algumas pessoas – a neta, principalmente – a guiavam pelas instalações, e ela fazia questão de manter rotina normal.

Em 2009, estive em Uberaba para lançar o meu livro *Pinga-fogo com Chico Xavier*, na Casa da Prece. A sra. Aparecida compareceu. Ofereci a ela um exemplar e li a dedicatória. Em seguida, ela me concedeu uma entrevista. Foi a última entrevista da sra. Aparecida, e a última vez que a vi: ela morreu uma semana depois, com quarenta anos dedicados aos doentes.

Até hoje, o Lar da Caridade
existe, ainda que prestando outro
tipo de serviço à comunidade. As
dificuldades para a sobrevivência
da instituição permanecem,
mas seu principal desafio é
manter vivo o maior legado da
sra. Aparecida: a caridade.

. ✷ . ✷ .

Minha última entrevista com sra. Aparecida.

CAPÍTULO

6

Arigó

MIL NOVECENTOS E SESSENTA E OITO FOI UM ANO ESPE-
cialmente marcante na minha vida. A aproximação
com Chico Xavier, além de me propiciar um crescimento como *pessoa*, permitiu-me conquistar três grandes reportagens
que me ajudaram a evoluir como *profissional*. A primeira grande
reportagem foi a própria entrevista com Chico; a segunda, sobre
o "Hospital" do Fogo Selvagem, que se transformou em uma campanha nacional de caridade; a terceira, a entrevista com Arigó.

José Pedro de Freitas, popularmente conhecido como *Zé Arigó*, foi um dos médiuns mais famosos do Brasil. Atuava em Congonhas, no estado de Minas Gerais. As *cirurgias espirituais* que
ele fazia provocaram algumas das maiores polêmicas da história do espiritismo no país. Afinal, um homem sem formação em

medicina, apresentava-se *incorporando* o Espírito de um médico e, em um ambiente sem esterilização, "operava" milhares de "pacientes" com instrumentos inadequados para esse fim. As reações, extremas, eram de adoração, emoção, dúvida e revolta – uma bomba a explodir.

Não surpreendeu quase ninguém quando, em 1964, Arigó foi julgado por falsidade ideológica e exercício ilegal de medicina. Mesmo as pessoas favoráveis a ele esperavam que isso acontecesse cedo ou tarde.

O julgamento terminou mal para Arigó: um ano e oito meses de prisão. No entanto, ele ficou encarcerado durante apenas seis meses, porque um advogado conseguiu um *habeas corpus*.

Arigó e a multidão que o procurava.

Ao reconquistar a liberdade, Arigó manteve as atividades como médium, mas recolheu-se em silêncio, cortando o contato com a imprensa. Foi um comportamento semelhante ao de Chico Xavier, depois de ter sido enganado pela equipe da revista *O Cruzeiro*. O silêncio de Chico, eu quebrei com a famosa entrevista de maio de 1968. Eu ainda não imaginava que, poucas semanas depois, quebraria mais um silêncio.

Carta de Chico

> Havia grande afinidade espiritual entre Chico e eu. E isso foi instantâneo — posso dizer que começou logo que nos conhecemos, em maio de 1968. A confiança que ele depositou em mim de imediato é algo que me emociona muito até hoje.

Chico sabia da situação de Arigó. Ainda assim, em julho, apenas dois meses depois da primeira entrevista de 1968, escreveu a ele uma carta de apresentação de Saulo Gomes e entregou-a a mim. Falava da seriedade do meu trabalho e, em outras palavras, pedia que Arigó me desse um voto de confiança.

Esse gesto de Chico foi um dos maiores orgulhos da minha carreira jornalística, sempre pautada por seriedade, respeito e apuração incansável dos fatos.

Com a carta em mãos, falei com o chefe de reportagem da TV *Tupi*. Pedi que uma equipe técnica me acompanhasse até Congonhas. Não houve nenhuma dificuldade quanto à aprovação da matéria. Eu tinha credibilidade na casa; a entrevista com Chico ainda rendia grandes frutos à emissora; uma reportagem com Arigó, por mostrar as imagens de forte impacto das cirurgias espirituais, deveria promover um estouro de audiência.

Telefonei para o centro espírita onde Arigó atuava. Falei com o professor Múcio, que trabalhava com ele e apresentava um programa espírita em uma TV de Goiânia. Apresentei-me e relatei o teor da carta de Chico. Ele pediu licença e, poucos minutos depois, disse-me que Arigó estava à minha espera, pois já havia recebido um recado de Chico sobre o meu contato. Foi mais um motivo para eu me emocionar muito com toda a atenção de Chico. Eu nem sabia que ele iria telefonar para Arigó – além de escrever a carta – para reforçar a ideia da minha reportagem em Congonhas.

Por ter acompanhado de perto e auxiliado Arigó por tantos anos, o professor Múcio, falecido há vários anos, montou o maior arquivo do Brasil sobre Arigó. O material está nas mãos de herdeiros dele.

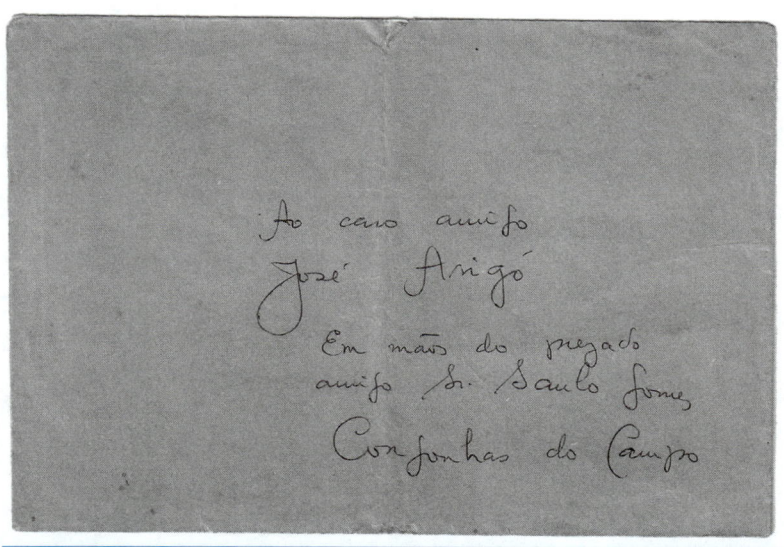

Envelope da carta escrita por Chico.
Nas páginas seguintes, a carta na íntegra.

Uberaba, 15 de Julho de 1968

Meu caro Amigo:

Deus nos abençoe, concedendo a Você, caro amigo, e a todos os seus estimados familiares, muita saúde e paz, bem-estar e alegria.

Com esta carta, tenho a satisfação de apresentar ao seu coração amigo e, por seu intermédio, ao nosso apóstolo do Bem, Dr. Fritz, o nosso amigo D. Saulo Gomes, digno orientador de serviços de televisão, no Canal 4, de São Paulo. Saulo Gomes, ainda agora, em Maio deste ano, realizou um programa distinto e significativo, em tôrno de nossas atividades, aqui na Comunhão Espírita Cristã, em Uberaba, programa êsse em que se fêz credor de nosso melhor apadecimento pela honestidade e grandeza de alma em que se conduzia. Deseja êle, agora, efetuar nova programa com o querido irmão, que, com toda a certeza, será também uma bênção para a Seara de Nosso Senhor Jesus Cristo em nossas tarefas espíritas-cristãs. Embora saiba que você, bom irmão, está sempre assoberbado de serviço, principalmente em benefício de nossos irmãos enfermos, tomo a liberdade de rogar o seu atendimento e o atendimento de nosso caro Dr. Fritz para o justo desejo do nosso caro amigo Sr. Saulo Gomes, portador desta carta, em cujo espírito correto e dedicado ao bem do próximo, vejo um sincero admirador de sua grande missão, com a bênção de Jesus, entre nós.

Agradecendo, com todo o meu coração, a você, caro amigo, e ao nosso abnegado Dr. Fritz por tudo o que puderem fazer, em auxílio do trabalho de nosso estimado irmão Saulo Gomes, com o grande abraço em que expresso a você o meu respeito, carinho, afeto e gratidão de sempre, sou o seu irmão e servidor muito reconhecido.

Chico Xavier

Reportagem com Arigó

Poucos dias depois, ainda em julho, fui com a minha equipe a Congonhas. Reservamos quartos em um hotel que pertencia à família de Arigó.

Logo, fomos recebidos por ele no centro espírita. Ele foi gentil e atencioso. Depois de uma boa conversa, abriu por completo o centro para nós. Pudemos ficar à vontade para filmar, perguntar, testemunhar, investigar. Não houve nenhum tipo de restrição ou controle.

O esquema foi similar ao usado na entrevista com Chico. O caminhão da equipe ficou parado à porta do centro, e montamos as grandes câmeras da época para filmar por inúmeros ângulos. Além da natural ansiedade em capturar todas as imagens possíveis, queríamos analisar tudo o que acontecia por ali, quem sabe notar alguma possível fraude. Eu nem imaginava fraudes, por tratar-se de uma pessoa respeitada por Chico, mas o meu espírito de repórter queria *verificar* tudo para transmitir a realidade aos telespectadores. Ficamos "de plantão", à espera de cenas interessantes, em um total de quatro dias.

> Confesso que fiquei impressionado com as cirurgias espirituais. Chocado, muitas vezes.

Reação compreensível. A televisão ainda não havia exibido nenhuma imagem de cirurgia espiritual. Eu mal podia imaginar como era uma. De repente, estava diante de um homem que dizia incorporar o Espírito de um médico, o dr. Fritz. Ele entrava em transe e falava diferente, com sotaque alemão. Eu não podia acreditar ao ver Arigó cortar os doentes com bisturis não esterilizados (ele chegou a exibir um bisturi enferrujado!). Agia rapidamente. Cortava, enfiava os dedos, cutucava, retirava tumores, mexia em olhos, manipulava órgãos e músculos. Misteriosamente, as pessoas não gritavam, não passavam mal. Havia relatos de melhoras e curas.

> Enverguei, logo ali, a dimensão
> que a reportagem atingiria.
> O Brasil ficaria espantado
> — no bom e no mau sentido.

Espanto no ar

A reportagem foi exibida no mesmo programa que mostrou a entrevista com Chico: *Diário de São Paulo na TV*, às onze e meia da noite. Entrou como reportagem especial, ocupando uma hora e meia da programação.

Com isso, a minha carreira marcou mais um ponto relacionado com o espiritismo. A expressão "pela primeira vez" toma conta de uma lista: com a minha entrevista em maio de 1968, *pela primeira vez*, Chico Xavier apareceu na televisão; nessa reportagem com Chico, *pela primeira vez*, o Brasil assistiu a uma psicografia; *pela primeira vez*, a televisão brasileira deu destaque ao espiritismo; *pela primeira vez*, Arigó apareceu em uma reportagem especial na televisão; *pela primeira vez*, o Brasil assistiu a cirurgias mediúnicas.

> **O país entrou em transe com a reportagem sobre Arigó. Pessoas ficaram maravilhadas, outras espumaram de revolta. As imagens, sem edição, eram agressivas, cheias de cortes, feridas e sangue.**

Depois do programa, aconteceu o esperado: multiplicaram-se cartas e telefonemas de telespectadores que pediam uma reprise da reportagem. A *Tupi*, é claro, satisfez as milhares de pessoas.

A partir daí, o nome *Arigó* foi ejetado muito alto, tornando-se conhecido até fora do meio espírita. Dr. Fritz, um Espírito, tornou-se "celebridade" juntamente com ele. A corrida pelas cirurgias espirituais em Congonhas explodiu.

Esse foi o meu único elo com Arigó, mas o meu trabalho rendeu outros frutos. O professor Múcio gravou um documentário sobre a minha reportagem para exibi-lo naquele programa que ele apresentava em Goiânia. Ressaltou que, pela primeira vez, Arigó aparecia na televisão fazendo cirurgias espirituais. Anos depois, o material foi cedido pelo filho de Arigó, Sidney de Freitas, a um produtor norte-americano, que fez um documentário sobre a vida do médium. Semelhante ao que ocorre atualmente com o médium João de Deus, o nome Arigó começou a percorrer o mundo.

CAPÍTULO **7**

Silvio Santos

SEMPRE HOUVE ESPÍRITAS CONTRÁRIOS ÀS PARTICIPAÇÕES DE Chico na mídia (veremos isso com alguns detalhes no próximo capítulo). Eles temiam uma "vulgarização" da doutrina espírita e – pior ainda – uma rendição dele à vaidade.

Essas preocupações são compreensíveis. Principalmente a segunda, porque Chico era, acima de tudo, um ser humano, sujeito a tais sentimentos. No entanto, com o passar das décadas, ele provou uma evolução espiritual muitíssimo elevada – e estou certo de que até os seus críticos concordam com isso.

Chico foi cauteloso ao enveredar-se pelo universo das notícias e dos espetáculos. Esperou o momento certo, quando ele próprio se achava mais capaz de suportar a difícil carga e quando o Brasil apresentava mais consciência para absorver tudo o que ele dizia. Amparou-se nos conselhos da espiritualidade maior acerca dos momentos adequados e do que dizer nessas situações. Ouso dizer que o maior apoio que ele recebeu não foi de *pessoas* como eu, amigos dele, colegas do centro, familiares; foi de *Espíritos* que caminhavam a seu lado o tempo todo, usando-o como um nobre canal para divulgar uma bela doutrina ao Brasil e, posteriormente, ao mundo.

Desde sempre a espiritualidade maior precisa de pessoas para divulgar as suas mensagens. É uma situação complicada, porque muitas pessoas que recebem esse tipo de missão têm se desviado do caminho correto. O ser humano usufrui o privilégio do livre-arbítrio e, em razão da sua própria natureza, cai em falhas. Na história recente, a maior esperança finalmente alcançou a humanidade quando surgiu o racional, consciente e incansável Allan Kardec. Depois dele, muito mais precisava ser feito, e outras pessoas sucumbiram nessa trajetória, até surgir Chico Xavier para honrar a nobre missão como um perfeito instrumento para a espiritualidade.

> A missão de Chico não poderia ser completa se ele se limitasse a trabalhos em centros e a publicações de livros. Para uma verdadeira evangelização e uma real divulgação das mensagens, eram necessários, também, os programas populares na TV. Entende-se, assim, quão sábia foi a ideia de levar Chico a tantos programas.

As minhas entrevistas de 1968, *Pinga-fogo*, *Almoço com as estrelas*, Barros de Alencar, Hebe Camargo, Dercy Gonçalves: inúmeros programas ganharam o brilho da participação de Chico. Era uma troca favorável a todas as partes: a emissora incrementava a audiência (Chico sempre chamava muito a atenção) e o movimento espírita ganhava divulgação. A TV *Tupi*, por exemplo, deu a ele atenção especial; anos mais tarde, o mesmo aconteceu com a TV *Globo*. Na *Tupi*, além dos programas com longas participações de Chico, houve inúmeras matérias pequenas nos noticiários. No telejornal *Ultra Notícias*, preparava-se matérias com ele para reforçar a audiência.

Como *popularidade* era um grande foco, não podia faltar a participação do homem mais popular do Brasil: *Silvio Santos*. Chico teve duas grandes participações com Silvio: uma entrevista especial no *Programa Silvio Santos* e outra, no programa *Cidade contra Cidade*.

Cidade contra Cidade

Se você é um leitor de pelo menos quarenta anos, deve conhecer o nome *Cidade contra Cidade*. Era um programa de muito sucesso na tv *Tupi* na década de 1970, orquestrado por Silvio Santos. Mais que um sucesso, foi um fenômeno em todo o Brasil. Havia olimpíadas entre delegações de cidades de todo o país, que levavam ao palco políticos, artistas, as suas melhores atrações locais, curiosidades, folclores e relíquias. Em cada programa, duas cidades competiam entre si; a vitoriosa ganhava uma ambulância.

Em 1970, a produção do programa agendou uma competição entre São José do Rio Preto (interior de São Paulo) e Uberaba. E o que você associa com Uberaba? Chico Xavier. A cidade que ele adotou com tanto amor, e da qual era cidadão honorário. Era natural que se achasse necessária a participação dele.

Era um programa de entretenimento, nada associado com religião, doutrina ou filosofia. Mas Chico sabia que seria mais uma força na divulgação do espiritismo. A imagem dele em todo o Brasil, simultaneamente, causaria um grande impacto.

O que o atraía não era apenas esse detalhe. Ele queria mesmo esforçar-se pela vitória de Uberaba, porque, com isso, a cidade ganharia uma ambulância. Uberaba precisava disso.

Um dia, recebi um telefonema da produção do programa. Disseram que Uberaba participaria e que Chico aceitara fazer parte da delegação. Como sempre, ele sugerira que eu o acompanhasse, por isso agora entravam em contato comigo.

É claro que aceitei acompanhar Chico. Então, eles me disseram que esperavam que eu participasse *no palco*, e não apenas nos bastidores. Foi uma surpresa, mas também aceitei essa ideia. Só então eu soube que o meu nome fora assunto de um polêmico debate entre os organizadores do programa.

A delegação de uma cidade podia levar ao palco apenas cidadãos *da cidade*. Não era o meu caso, por isso eu não poderia participar diante das câmeras. Mas alguém se lembrara de dois detalhes interessantes: a minha reportagem-campanha sobre o "Hospital" do Fogo Selvagem e o título de *Cidadão Honorário de Uberaba* que resultara dela. Foi a "ideia salvadora" para a produção do *Cidade contra Cidade*. Assim, alguns dias depois, uni-me à comitiva uberabense para lutar por sua vitória no programa.

Encontrei Chico nos bastidores da tv. Ele havia se hospedado no apartamento do simpático casal Galves (uma amizade de longa data), onde sempre ficava quando ia a São Paulo. O casal o levara até o estúdio.

Como sempre, Chico estava tranquilo. Observava, conversava, perguntava sobre rotinas da televisão. Evidentemente, foi rodeado por pessoas que buscavam conversas, abraços, conselhos. Algumas pediam fotos e autógrafos – e quem conseguia uma foto comemorava, pois na época, vale lembrar, não havia fácil acesso a câmeras fotográficas.

Depois, Silvio Santos apareceu e teve uma conversa com ele. Foi reservada, por isso não sei sobre o que falaram, mas Silvio se encantou (e *quem* não se encantava com Chico?). Foi um glorioso momento de dupla admiração: Silvio certamente conhecia bem a fama de Chico, e Chico se emocionou por estar diante do homem mais popular do país. Talvez Chico não soubesse, naquele momento, que aquele não seria o único encontro com Silvio.

Minutos depois, lá fomos todos nós ao palco... para a *festa* entre competidores, Silvio e auditório.

É claro que Silvio não perdeu a oportunidade de conversar com Chico diante das câmeras. Sabia que isso eletrizaria a audiência. Mais uma vez, o Brasil assistiu à humildade e à sabedoria de Chico Xavier. Ponto para o movimento espírita.

No palco, durante o *Cidade contra Cidade*: Chico, Silvio e eu.

Entrevista com Chico Xavier, ao vivo, no programa *Cidade contra Cidade*

6 de março de 1970

[SILVIO SANTOS] Com que idade você percebeu que tinha a mediunidade?

[CHICO XAVIER] Aos quatro anos de idade, quando perdi a minha mãe.

E quando você perdeu a sua mãe, como foi que você sentiu essa força estranha que tomou conta de você e que hoje para você é um sacerdócio?

Ela prometeu a mim, quando entregava os filhos a pessoas amigas, em vista da penúria material em que nos encontrávamos, ela me prometeu que voltaria para me buscar. Então, eu, em casa de pessoas estranhas, sofrendo muito a saudade dela, orava como minha mãe me ensinava a prece, e certa feita ela me apareceu e, na minha condição de infantilidade, achei que tudo era muito natural.

Você, então, desde os quatro anos de idade sentiu que iria ver a sua mãe?

Estava vendo, conversando, e contanto fosse uma criança muito surrada, porque ninguém acreditava, ou a maioria das pessoas não acreditava, continuei vendo da mesma forma.

Depois que ela se foi?

Depois que ela se foi.

Você era filho de uma família pobre?

Sim.

E de quantos irmãos se constitui a sua família?

Nossa família é constituída de quinze irmãos.

Dos quinze irmãos, só você conseguiu essa mediunidade?

Outros irmãos, também. Com menos trato pela mediunidade, porque outros assuntos chamaram os meus irmãos a outros misteres. Casaram-se, entregaram-se a outras tarefas, conquanto continuei premido [...] na sua previdência.

E se você desde os quatro anos percebeu essa força estranha, esse ministério, você chegou a se dedicar a uma profissão? Você teve uma profissão?

Sem dúvida. Aos oito anos, me empreguei numa fábrica de tecidos; aos doze, me empreguei no comércio; e aos vinte e um, me empreguei no Ministério da Agricultura, onde trabalhei por trinta anos.

Hoje você é aposentado?

Aposentei-me há pouco tempo.

Agora você falou em psicografar. Quer dizer que, se eu recebesse agora um Espírito, eu pegaria uma caneta e, fora dos meus sentidos, através dessa luz que eu estivesse recebendo, através desse Espírito, eu iria escrevendo coisas que não partiriam da minha mente, não partiriam do meu cérebro? Partiriam desse Espírito?

Partiriam desse Espírito.

E quantas obras psicografadas você tem?

Agora, os Espíritos, por meu intermédio, completaram cem livros publicados.

E quantos livros dessas cem publicações você já vendeu?

Bem, quem vende os livros são as instituições espíritas para as quais, naturalmente, eu assino a cessão de direitos autorais que me possam caber, reconhecendo que a obra não me pertence, e, sim, aos Espíritos amigos.

Você, então, é um homem pobre? É um homem que vive do seu ordenado?

Sou rico de amizades...

Sim, mas você...

Isso me torna milionário...

Você, materialmente, é um homem pobre?

... de alegrias enormes. Natural...

Vive do seu ordenado?

Vivo do meu ordenado.

Porque, de acordo com notícias que foram divulgadas pela nossa imprensa, nessas cem obras que você completa hoje, já foram vendidos mais de mil livros, não?

A estatística lançada pelas próprias editoras acusa um número... bastante!

[SAULO GOMES] Aproximadamente dois milhões e quatrocentos mil exemplares.

Dois milhões e quatrocentos mil exemplares!
Mais!

E você não recebe nenhum direito autoral?
Não, não recebo, e tenho o prazer de comprar também os livros que saíram de minha mão. São dos Espíritos e não me pertencem.

E é verdade que você escreve de olhos fechados quando você recebe a inspiração?
Às vezes, eu percebo que estou de olhos fechados. E outras vezes eu não posso perceber isso, porquanto os olhos se mantenham abertos, mas sempre com a mão sobre os olhos porque tenho a impressão de que determinadas irradiações podem me criar dificuldades.

Chico Xavier, você, depois de ter escrito cem livros, se você não recebesse esses Espíritos, se você não recebesse essa mediunidade, você, na sua pessoa normal, não conseguiria escrever nenhum livro?!
A princípio, não, porque eu sentia absoluta estranheza quanto àquilo que minha mão ia escrevendo. Precisava de recorrer muitas vezes a dicionários. Mas, como a mediunidade está em minha vida desde 1927, há quarenta e três anos, esse tempo, mais ou menos, me proporcionou algum conhecimento no contato com os Espíritos amigos, como uma pessoa que convivesse diariamente com professores muito distintos.

Isso quer dizer que, ao receber o Espírito, você alguma coisa guarda no seu subconsciente?

Leio e constantemente eu datilografo também os livros para os Espíritos, para que os livros saiam revisados de minha mão pelos autores espirituais.

E quais as figuras famosas que encarnaram em você e que disseram para você escrever algumas obras?

Eu não posso dizer que sejam figuras famosas porque sempre, na maioria dos casos, usaram pseudônimo. O Espírito de Emmanuel que nos orienta desde 1931. André Luiz que afirma ter sido um médico no Rio de Janeiro. E outros amigos como Casimiro Cunha, Irmão X, eles naturalmente se ocultam com outros nomes para não criar perturbações com os descendentes, porque o assunto é novo.

Mas as suas obras já foram analisadas por escritores contemporâneos. E o que dizem esses escritores quando leem um livro psicografado?

Alguns creem, outros descreem. E creio que isso deve ficar por conta dos leitores, porque eu iria entrar aqui em nuances autobiográficas. Ficariam meio adequadas ao nosso contato [...]

Chico Xavier, eu li alguma coisa numa revista a respeito de um livro que você psicografou e que a família do escritor reclamou dizendo que você estava usando indevidamente o nome deste escritor. Anos depois, ou meses depois, foi aberto um cofre e foi retirado deste cofre um livro, e este livro era exatamente igual ao livro que você anteriormente havia psicografado. Verdade isso?

Não. Eu peço desculpas para esclarecer melhor.

Eu gostaria.

Porque eu não tenho o direito de dizer não. Ao que sabemos, no cofre haviam páginas de estilo semelhante, mas não propriamente, absolutamente iguais. Esse caso, no Tribunal de Justiça do Rio de Janeiro, ocorreu em 1944. A família pedia uma sentença declaratória para saber se as obras eram do Espírito ou se não eram, mas o juiz entendeu que a Justiça, por enquanto, ainda não poderia entrar nesses casos.

E era a família desse escritor?

Com todo o respeito ao nome de Humberto de Campos, posso declarar que foi a família do escritor Humberto de Campos. Uma família que faço questão de declarar a minha veneração para com todos os seus membros.

[SAULO GOMES] Que acha, Chico Xavier, do mundo espírita da criança que o homem começa agora a gerar num tubo de ensaio?

Tenho ouvido por diversas vezes o Espírito de Emmanuel a respeito disso. Ele diz que o nosso respeito à ciência deve ser inconteste, e que o progresso da ciência é infinito, e que a solução do problema do tubo de ensaio para descanso do claustro materno é viável, mas restaurar-se, esse é um grande problema, o problema do amor com que o Espírito reencarnante é envolvido no lar pelas ligações de carinho e de esperança, ternura, confiança de pai e mãe, o período também da infância em que a criança é rodeada de amor, muito mais alimentado de amor do que de recursos nutrientes da terra. Vamos ver como é que a ciência poderá resolver esse problema para que não venhamos a cair em monstruosidades do ponto de vista mental.

Chico Xavier, você disse que recebe com muita frequência o Espírito de Emmanuel. É com quem você fala com mais frequência?

Com mais frequência, porque ele é o mentor.

Emmanuel deve ser um intelectual ou dever ser um Espírito de muita luz, como se diz na forma popular. Ele só conversa com você sobre esses assuntos de caráter científico ou ele também seria capaz de responder à pergunta sobre se Nostradamus, nas previsões dele, está certo? O mundo vai acabar antes do ano 2000?

Nós não podemos criar a profecia do pessimismo, do derrotismo. Nós somos filhos de Deus e devemos crer na misericórdia infinita de Deus. Certa feita, perguntando a Emmanuel sobre a extinção do mundo, ele me disse: "Nosso Deus, que nos deu esse mundo maravilhoso a que chamamos Terra, no caso de um cataclismo cósmico, nos dará outro mundo tão belo quanto este. Porque Ele é o nosso pai, e se o pai humano toma os seus filhos com devotamento, com paixão mesmo, por que é que Deus nos abandonaria na rua, no cosmos, ao caminho das trevas? Haverá misericórdia para nós."

Alguma vez, antes da chegada do homem à Lua, você teve alguma informação coincidente ao assunto?

Sempre disseram que o homem pisaria na lua. Sempre os Espíritos amigos nos avisaram de que a ciência conseguiria realizar essa proeza e, naturalmente, que a astronáutica prosseguiria, através de novos caminhos, buscando novos mundos, novos tipos de vida, novas humanidades, quem sabe?

Chico Xavier, você mora na cidade de Uberaba?

Há quase doze anos.

E muitas pessoas de todos os cantos do Brasil vão procurá-lo?

Muita gente por bondade, é natural. Mas não por mérito. Eu não o tenho.

E quando a pessoa vai a Uberaba, você recebe essa pessoa?

Às segundas, sextas e sábados à noite, porque durante o dia tenho sempre tarefa com os Espíritos e obrigações com a vinculação profissional. Como eu não posso viver da doutrina espírita, vivo naturalmente de trabalhar. Agora, segundas, sextas e sábados, estamos lá, para receber todos com muita alegria e com muita honra para nós.

E essas pessoas que vão a Uberaba consultam-no sobre os mais diversos problemas?

Sim. Sobre os diversos problemas da vida, as dificuldades que estamos atravessando, mormente as dificuldades espirituais, os conflitos que nos surpreendem [...]

Você é solteiro ou casado?

Solteiro.

E por que é que você não casou? Você acha que um lar a dois atrapalharia o seu trabalho?

Não, a doutrina não me proibiu, mas a mediunidade já com as mensagens psicografadas começaram na minha vida logo depois dos quinze anos de idade, e eu me apaixonei tanto pela obra do livro com os Espíritos, e os livros me tomaram o tempo todo.

Dentre os cem livros que você acaba de psicografar, qual deles mais lhe empolgou, qual deles você achou mais interessante?
O livro que mais me empolgou...

Gostaria que você dissesse porque o nosso programa é de uma audiência extraordinária, e a começar por mim, amanhã nós vamos procurar esse livro para ler alguma coisa a respeito da psicografia, para ler algum trabalho psicografado.
Dos livros que passaram por minhas mãos, um dos que mais me empolgaram foi o Paulo e Estêvão, onde o Espírito de Emmanuel faz a biografia desses dois maravilhosos vultos do cristianismo: São Paulo e Santo Estevão.

E esse livro encontra-se à venda nas livrarias comuns, ou não?
Encontra-se.

Em qualquer livraria?
Em qualquer livraria.

Isso é que é bom!
Paulo e Estêvão.

Então, eu acho que não há mais necessidade de nós continuarmos cansando você com tantas perguntas.
Não, não me canso, estou muito feliz.

O nosso prazer foi muito grande em recebê-lo neste programa. Se você quiser dizer mais alguma coisa, à sua vontade, o tempo é todo seu.

Estou muito honrado pela proximidade do contato que estou tendo com os amigos todos do canal 4, com os amigos de Uberaba, de São José do Rio Preto, desses corações maravilhosos de São Paulo.

Saulo Gomes, muito agradecido a você pela sua presença no programa. Muito obrigado pela sua parcela de colaboração na vinda de Chico Xavier ao nosso programa. Muito agradecido.

Foi um prazer conhecê-lo. Qualquer dia, se eu puder, e se eu for a Uberaba, vou visitá-lo na sua casa, retribuindo a honrosa visita que fez ao meu programa. Muito agradecido, Chico Xavier, uma boa viagem, muito obrigado, receba as palmas da plateia.

Se o Brasil todo estava *magnetizado* pela presença de Chico simplesmente diante da tela de um televisor, imagine as pessoas no estúdio. Os jurados, por exemplo, não se cansaram de fazer elogios a ele. Chico – como eu já escrevi neste livro – ficava extremamente tímido, desajeitado. Nunca sabia receber elogios, achava que eram grandes exageros, não se via como merecedor de nenhuma daquelas palavras. Era curiosa a reação dele, e às vezes chegava a ser cômica, tão sem jeito ele ficava.

Algumas horas depois, Chico se deu a liberdade de uma comemoração, embora à maneira discreta dele. Para alegria dos mineiros, Uberaba venceu a disputa, e com larga margem de pontos. Os quatro jurados deram nota dez à delegação. Imagine como Chico ficou especialmente feliz. A ambulância iria para a cidade! Mais interessante ainda foi notar que Chico, por sua simples presença, havia colaborado para a vitória. Levar personalidades da cidade era considerado na pontuação geral. Mas é claro que Chico não se achava uma *personalidade...*

À saída do prédio da TV, na avenida Brigadeiro Luís Antônio, houve uma outra surpresa para Chico: uma multidão formara-se ali para vê-lo de perto. Além da emoção de ver Chico, havia a euforia de um clima de vitória que o envolvia perante os olhos do público. Como sempre, Chico manteve-se humilde e discreto, apesar da sua felicidade. Carinhoso, teve contato com muitas das pessoas que sonhavam em vê-lo mais de perto, tocá-lo, trocar com ele umas rápidas palavras.

```
Chico nem conseguia mais sair
dali. Ficou na área por várias
horas, sem mostrar aborrecimento.
O carinho e a atenção dele
para com todas as pessoas eram
incomparavelmente marcantes.
```

Foi apenas por volta de cinco horas da manhã que eu me afastei com ele, e Chico então voltou ao apartamento em que estava hospedado.

Se em São Paulo foi assim, imagine em Uberaba, quando a delegação voltou à cidade. Uma multidão esperava por todos para uma grande festa. Como era de se esperar, a grande "estrela" foi Chico, que, tímido, comemorou com todos, sempre refutando os comentários de que a vitória não teria acontecido sem a participação dele.

Programma Silvio Santos

Silvio Santos possui um ótimo faro para o popular, para a audiência. Era natural que não se limitasse àquela aparição de Chico Xavier em um dos seus programas. Silvio sabia que havia muito mais a ser explorado.

Quatro anos depois do *Cidade contra Cidade*, Silvio enxergou uma oportunidade especial para outro encontro com Chico. Dessa vez, um evento apenas com ele, com destaque integral. Se as atenções foram despertadas tão intensamente com Chico no palco em meio a várias outras pessoas, um especial com ele na TV traria uma audiência a ser muito comemorada.

Assim, em dezembro de 1974, o Brasil, pela segunda vez, viu Silvio Santos com Chico Xavier na televisão. A seguir, uma raridade: uma transcrição da conversa entre os dois naquele dia.

Entrevista com Chico Xavier, ao vivo, no *Programa Silvio Santos*

8 de dezembro de 1974

[SILVIO SANTOS] Chico, como você sentiu as primeiras manifestações mediúnicas?

[CHICO XAVIER] Mediúnicas, certamente aos cinco de idade, depois da morte de minha mãe. Entrando em grande dificuldade, ela passou a aparecer para mim depois de uns quatro meses, e como havia prometido que estaria conosco de qualquer modo, eu acreditei que estava recebendo a visita natural de minha mãe, embora tivesse minha mãe partido para a vida maior.

E você conversou com sua mãe depois que ela morreu?

Sim, depois.

Mas como foi que ela se apresentou a você? Ela se apresentou a você por uma nuvem, se apresentou numa sombra... ela se apresentou de que forma?

Ela se apresentou naturalmente. Quando minha mãe estava em véspera da partida para o mundo espiritual, sentindo as dificuldades de meu pai, ela nos entregou a determinadas amigas. Então porque eu sentisse muito aquele ato dela, ela me disse que voltaria e que eu devia encontrar nessa senhora uma segunda mãe. Minha mãe morreu, e eu acompanhei essa dama. Essa dama era excepcionalmente bondosa, mas comigo ela entrava em grandes acessos de cólera e costumava me bater. Eu, então, sentia necessidade da prece que nossa mãe nos ensinava, e indo ao quintal e orando como ela nos ensinava, vi minha mãe perfeitamente como se estivéssemos em casa.

Quantos anos faz que você está em Uberaba?

Estou desde cinco de janeiro de 1959.

E onde você nasceu?

Pedro Leopoldo, em Minas [Gerais].

Quantos anos você tem?

Sessenta e quatro.

Seu pai e sua mãe, o que eles faziam?

Meu pai, a princípio, era tecelão. Depois, passou à condição de cambista de loterias. Vendia bilhetes de loterias para sustentar a nossa casa. Porque ele entrou em grandes dificuldades para se harmonizar com o emprego que exigia determinado grau de cultura. Não possuindo, ele então entrou na condição de cambista, na qual ele se demorou por mais de trinta anos.

Quantos irmãos vocês são?

Somos quinze irmãos de dois casamentos de meu pai.

E por que você foi para Uberaba?

Em 1958, eu passei a experimentar um processo de labirintite muito acentuado, e estávamos em tempo de muito frio em Pedro Leopoldo. E médicos amigos de Belo Horizonte, tanto quanto amigos espirituais mesmo, nos aconselharam a entrar em outro clima. E Uberaba tem um clima mais ameno, mais temperado, me favoreceu muito.

E quantos cursos você fez? Quais foram os cursos que você fez?

Somente o primário, só o primário.

E como é que você ganha a vida?

Trabalhei no último emprego de que eu pude dispor durante trinta anos consecutivos, no Ministério da Agricultura. Depois de trinta anos, não tendo pedido licença durante esses três decênios, eu me aposentei em 1961.

Mas com o dinheiro que você ganha como aposentado, como é que você pode dar a sopa dos pobres? Como é que você pode favorecer tanta gente?

A sopa fraterna em nossa instituição é mantida por uma equipe de amigos que sustentam as tarefas assistenciais da Comunhão Espírita Cristã em Uberaba. Quanto à minha vida particular, realmente nos últimos tempos tenho estado em grande movimentação, e isso exige despesas, exige dinheiro. O dinheiro que eu recebo do Ministério da Agricultura é atualmente suplementado por amigos que espontaneamente me ajudam no setor de apresentação pessoal.

É verdade que você trabalhou em um botequim?

Trabalhei.

E por que você deixou o balcão do botequim?

Por uma razão simples: é que eu não podia reprovar aqueles que faziam uso do álcool, de bebidas alcoólicas. E sempre considerei isso, muito. Um hábito muito humano, desde que a criatura não exceda o nível da sua própria capacidade de beber com segurança para a sua própria saúde. E estando no botequim, muita gente se excedia, e o número de embriagados parecia muito grande, com muita frequência. Isso me entristecia muito, porque eu era intérprete do serviço de vendas, e eu devia vender as bebidas alcoólicas. Então, orei e pedi muito a

Deus que me permitisse obter um outro emprego onde eu não pudesse mais testemunhar aqueles espetáculos.

E quem foi que arranjou para você entrar no serviço público?
O dr. Rômulo Joviano.

Qual foi o primeiro livro que você psicografou? Porque eu queria explicar ao público o que é psicografar. Quero dizer: você, quando escreve um livro, não é você que está escrevendo?
Não.

Você recebe uma pessoa que já viveu?
Sim, que já viveu.

E essa pessoa toma posse do seu corpo, toma posse da sua mente e escreve por você? É isso?
Esses amigos que escrevem por nosso intermédio são sempre de uma elegância moral muito grande, de modo que eles não se apossam. Eles respeitam a minha liberdade individual e me usam com a minha própria aprovação para escreverem os textos que eles gostariam de transmitir.

E qual foi o primeiro livro que você psicografou?
Parnaso de além-túmulo.

E quem foi que psicografou esse livro?
Esse livro foi escrito por vários poetas brasileiros e portugueses já desencarnados que usavam minhas mãos para isso.

E quantos livros você já psicografou até hoje?

Até hoje, cento e trinta e dois.

E desses cento e trinta e dois, qual é o livro que é lido com maior interesse?

Até o momento, do ponto de vista de números, é o Nosso Lar.

E quem foi que escreveu o *Nosso Lar*?

André Luiz.

Quem foi André Luiz?

Ele diz ter sido um médico brasileiro desencarnado no estado do Rio.

E quantos volumes de *Nosso Lar* já foram vendidos?

Pela nota dos editores, até agora editados e naturalmente quase vendidos, ou esgotados, cento e quarenta mil exemplares, na décima terceira edição.

Em cada volume vendido, alguma quantia é destinada às suas obras assistenciais?

Em Uberaba, naturalmente, a editora da Comunhão Espírita Cristã destina grande parte dessa renda aos serviços assistenciais. Quanto às outras editoras, eu não acompanho pessoalmente, mas tenho a convicção de que todas são presididas por espíritas cristãos muito dignos que fazem o melhor uso desse dinheiro.

Em Uberaba, quantas pessoas você atende por dia, e como é que você atende essas pessoas?

Estabeleçamos a média considerando quem tem estado em contato duas noites por semana. Uma média de duzentas a quatrocentas pessoas por noite.

Essas pessoas são atendidas uma por uma?

Mesmo que rapidamente, sim.

E se você não cobra nada para atender essas pessoas, você consegue viver só com o que você ganha na sua aposentadoria?

Explicando-se que nos últimos tempos, como tenho sido mais ou menos constrangido a desempenhar determinadas tarefas de apresentação, muitos amigos me auxiliam nesse setor.

É verdade que você mora em um pequeno quarto em Uberaba, em um quarto que lhe é alugado?

Não é propriamente um quarto alugado. É uma residência que pertence à Comunhão Espírita Cristã, e naturalmente resido lá de favor, mas esperamos muito em breve ter a nossa residência própria.

Você ainda não tem a sua casinha?

Vamos, vamos fazer.

Você se preocupa com a morte?

Não tanto com a morte, mas com o processo de morrer. Do ponto de vista da criatura humana que sou, eu me preocupo muito.

Você me disse que uma vez, viajando de avião, sentiu medo no avião?

Sim, porque tenho amigos que foram vítimas desses acidentes e sobreviveram com grandes perdas para a sua atividade normal. Se eu soubesse que a morte estava tão próxima, não teria gritado tanto. Mas tive medo da inutilidade física. Me perdoem se faço essa justificação.

Quantos anos você acha que ainda vai viver?

Eu não posso fazer uma ideia. Entretanto, os Espíritos me ensinam a valorizar a vida ao máximo. Então, eu devo proteger a minha saúde tanto quanto é possível para trabalhar o quanto me for possível.

Nós sabemos que você trata pela espiritualidade de vários médicos famosos e competentes. Médicos que já viveram e já morreram. Eles também tratam da sua saúde?

Sim. Eles sempre me orientam quando há necessidade de recorrer a determinado médico e me ensinam sempre a respeitar profundamente a medicina e aqueles que a representam junto de nós.

E você que acredita que operações podem ser feitas através do médium, por que então você foi operado pelos médicos paulistas e não por médicos do mundo espiritual?

Quando me submeti a determinadas intervenções cirúrgicas no Hospital Santa Helena, aqui em São Paulo, o nosso guia espiritual, o Espírito de Emmanuel, me disse que eu não devia querer parecer diferente das outras pessoas que se utilizam da cirurgia natural, e que por isso mesmo eu não contasse com privilégios da vida espiritual, e, sim, recorresse aos nossos amigos médicos que me operariam na base da anestesia, do bisturi e dos processos que nós conhecemos neste mundo.

O seu grau de mediunidade lhe permite ver o passado, o presente e o futuro?

O passado muitas vezes, talvez porque os amigos espirituais queiram explicar determinadas ocorrências. Quanto ao presente e ao futuro, talvez pela minha vida um tanto quanto movimentada na mediunidade, eu não tenha desenvolvido essas percepções.

Por que é que você não se casou?

Muito cedo fui levado ao interesse pela situação de mediunidade, com grande número de amigos também se interessando pelo assunto, e isso como que me trouxe uma determinada marginalização em matéria de sexo. E o casamento, embora considerado muito importante por mim, desde que eu sou filho de meu pai e de minha mãe, que se uniram pelo amor neste mundo, o casamento foi ficando como sendo um acontecimento remoto.

Você costuma receitar remédios de homeopatia para as pessoas que o procuram, certo?

Certo.

E você acha que os remédios de homeopatia realmente curam?

A homeopatia realiza muito serviço curativo em benefício dos doentes.

E se você acredita tanto no poder de cura da homeopatia, por que você vem a São Paulo para fazer um tratamento pela acupuntura?

Acontece que em [19]73, provavelmente pelo tempo que eu já vivi em meu corpo, eu encontrei uma condição de estafa geral muito grande, e os meus amigos espirituais me aconselharam a recorrer à proteção do nosso grande médico da acupuntura em São Paulo, o dr. Frederico

Spess, que tem prestado muito serviço a minha saúde, a quem eu sou muito grato, porque o processo de revitalização dos centros orgânicos tem me ajudado muito.

Todas as pessoas que se aproximam de você lhe pedem auxílio e lhe pedem principalmente consultas. Isso não deixa você aborrecido?
Não. O Espírito de Emmanuel, desde muito cedo, me ensinou que, quando uma pessoa recorre a outra, está sempre trazendo o melhor que ela possui em valores de amizade e confiança. Então, desde muito cedo, me habituei a agradecer a bondade de todos aqueles que possam me procurar como uma pessoa capaz de prestar algum serviço, embora eu não me sinta uma pessoa digna de tanta confiança por parte daqueles que me procuram. Isso me dá muita alegria.

Essa quantidade de pessoas que procuram por você não o deixam muito cansado? Não esgotam a sua saúde?
Realmente, não. Desde 1927, há quase quarenta e oito anos, estou em contato com o público. É interessante cada vez que a experiência se amplia. Quanto mais se amplia, mais felicidade eu sinto no contato com os amigos. Com aqueles que ainda são indiferentes a qualquer tipo de crença religiosa e até mesmo aos adversários, toda a criatura humana é grande, todo ser humano é simplesmente maravilhoso. E isso traz para mim um encantamento muito grande, e eu não sinto cansaço.

Você já foi a outros programas de televisão. Uma das grandes audiências da *Tupi* foi quando você se apresentou no *Pinga-fogo*. Quantas horas você passou respondendo perguntas no *Pinga-fogo*?
Parece-me que passamos quatro horas num diálogo.

E essas perguntas que você respondeu, elas exigiam conhecimentos gerais. Quem respondeu essas perguntas? Foi você ou foram os seus guias espirituais? E quando você vai a um programa de televisão, você vai pela livre e espontânea vontade do Chico Xavier ou vai pela orientação dos seus guias?

Sim, sempre o contato com os amigos. Os amigos convidam e vai-se fazendo aquela atmosfera de vamos dizer, de constrangimento agradável, e a gente vai à televisão sem nenhum propósito de disputar aplausos, que eu não mereço e que eu recebo como bondade e carinho do público, de quem eu sou plenamente devedor.

Mas agora, por exemplo: você está respondendo as perguntas. Quem está respondendo as perguntas?

Quem está comigo é o mesmo Espírito de Emmanuel que esteve comigo no Pinga-fogo. Eu fui convidado pelo nosso amigo Saulo Gomes. Eu tinha determinado receio de aparecer em público, na televisão, num programa de grande público. Mas o Saulo nos fez ver que ele desejava o programa, e, muito amigo, eu vim para a casa da família Galves, família muito querida ao meu coração. E eles me auxiliaram a me apresentar tão dignamente quanto possível. E eu fui à Tupi com muito receio, porque o Saulo havia prometido que se faria um tape numa sala em particular e logo depois o programa se transformou num programa de audiência, e eu tive receio de desapontar os meus amigos, os telespectadores, mais do que eu já desaponto na minha vida em si.

Mas as perguntas que você respondeu e que você está respondendo, você diz que são os seus guias espirituais que respondem através de você. E quais os guias espirituais que você recebe com maior frequência?

O Espírito de Emmanuel.

E quem é Emmanuel?

É o amigo espiritual que nos orienta desde 1931. Ele é o personagem naquele livro Há dois mil anos. Mas é um amigo que nos acompanha há quarenta e três anos. Ainda hoje, ele me disse: "Você me faça o favor de ficar com muita atenção para que nós não venhamos a dilatar perguntas no programa do nosso amigo Silvio Santos. Seja sintético."

Mas quem foi Emmanuel?

Ele foi padre, reverendo muitas vezes, e, naturalmente que no tempo de Cristo, segundo ele conta, ele foi um daqueles que assistiram o drama do calvário.

Ele viveu no tempo de Cristo?

Sim, no tempo de Cristo.

E depois do tempo de Cristo, ele atravessou outras existências?

Sim, outras existências.

Além de Emmanuel, quem você mais tem facilidade de receber?

O Espírito de André Luiz e o Irmão X.

Quem é o Irmão X? Porque eu li uma reportagem quando me preocupava com essas perguntas. Você uma vez citou Humberto de Campos num programa de televisão ou numa reportagem de revista, e a família de Humberto de Campos havia pedido a você que não dissesse mais que tinha condições de se comunicar com Humberto de Campos. Parece até que houve um processo contra você. Isso é verdade?

Sim, é verdade. O Espírito de Humberto de Campos começou a escrever por nosso intermédio em 1935 e produziu cinco livros que foram vendidos pela editora que os publicou. Mas, naturalmente, a família, constrangida por aquele problema do parente, do grande escritor que sobrevivia além da morte – naturalmente que devemos respeitar o ponto de vista da família –, não se conformou com o assunto e moveu um processo, que felizmente terminou em paz para todas as partes. Sendo que, desde então, Humberto de Campos passou a se assinar Irmão X. E ele disse que é uma provação deste mundo a incompreensão dos bons.

Mas depois de ter assinado Humberto de Campos, depois desse havido incidente, ele passou a assinar Irmão X?

Sim, Irmão X desde 1944.

E quem mais você incorpora com facilidade?

O Casimiro Cunha, a Meimei, a Maria Dolores, a Sheila, os amigos espirituais.

Mas quando você estava conversando comigo, percebi que você, ao receber Sheila, você exalou um perfume, um perfume de rosas, e eu como sou alérgico a perfumes eu sinto perfume com muita facilidade. Por que Sheila, quando chega e se apossa de você, ela exala esse perfume?

Ela se especializou em um trabalho de enfermagem junto ao dr. Bezerra de Menezes e a outros médicos no além. Ela possui a faculdade de trazer ao nosso ambiente determinadas vibrações que se convertem num perfume agradável, mas eu ignoro esse processo de que ela se utiliza para fazer isso.

E quando você recebe Sheila? Sheila é uma enfermeira que ajuda você a ajudar os outros?

Ela é uma grande enfermeira que nos ajuda sempre. Ajuda também em outros setores.

E o dr. Bezerra de Menezes, ele é um médico que viveu em que época?

Ele viveu no princípio deste século e no fim do século passado. Viveu no Rio de Janeiro, embora fosse cearense de nascimento.

E Sheila viveu em que época?

Na Segunda Grande Guerra. Ela se diz desencarnada em 1943 num bombardeio havido numa cidade alemã.

Você acredita que o diabo exista? Mas não responda agora, porque você vai ouvir mais uma canção que você gosta.

Na condição de personalidade humana, quando a personalidade humana se transvia do ponto de vista mental, entregando-se ao desequilíbrio, a criatura humana pode tomar uma forma considerada infernal.

Eu não sei se você viu o filme *O exorcista*, mas você acha que o diabo pode mesmo se apossar de uma pessoa, como aconteceu no filme?

O Espírito infeliz, a criatura humana infeliz ou culpada ou afeiçoada à posição que nós consideramos como sendo o mal, realmente pode colher em condição de habilidade, e em se tratando de uma criança, como no filme, a criança naturalmente era uma pessoa ligada ao Espírito que se comunicava.

Um exorcista ou outra pessoa qualquer tem poderes de fato para retirar o diabo do corpo de alguém?

Os Espíritos nos explicam sempre que quando o Espírito perturbado está numa faixa de profunda ignorância, ele pode ser afastado pela magia das palavras, mas a força que realiza o exorcismo é o amor. Qualquer criatura que ame profundamente a outra criatura que se sente infeliz, ela tem poder para resgatar aquele cristão.

E por que num dos livros que você psicografou há um capítulo que diz que você foi exorcizado? Você estava com o diabo no corpo?

Quando começou a se processar o desenvolvimento mediúnico de minhas faculdades, isso mais ou menos em 1927, 1928, o meu irmão, que dirigia a nossa reunião, se afastou, e estávamos com muitos problemas de jovens que se sentiam obsediadas. O Espírito infeliz que as perseguia era realmente de uma selvajaria inominada, e um amigo foi chamado a presidir as reuniões, porque disseram que ele tinha competência para isso. O médium indicado para receber entidades de modo a prestar algum alívio às moças, esse médium era eu. E como alguém tinha pedido ao presidente da reunião que aplicasse o evangelho, quando o Espírito comunicou por meu intermédio gritando, fazendo alarmes, ele então lançou mão de uma Bíblia muito pesada e me bateu muitas vezes na cabeça para retirar o Espírito infeliz. E eu, então, sofri um torcicolo enorme e fiquei três dias de cama. O exorcismo para mim foi isso: uma surra de Bíblia.

Você apanhou com uma *Bíblia*?
Sim, com uma Bíblia.

Uma pessoa doente, uma pessoa desenganada pela medicina, ela pode vir a curar-se através do espiritismo? Não responda agora, porque os três corais vão cantar *Barracão de zinco*, música que você escolheu.
Através da oração e da confiança em Deus, a pessoa pode ser curada com os recursos de qualquer setor religioso. Nós não podemos esquecer as curas que se processam em Lourdes, nos centros católicos, nos centros evangélicos e no espiritismo cristão. Isso pode também acontecer porque o poder do amor vem de Deus através da criatura, e se a criatura confia em Deus, aí está a presença de Deus aliviando, curando, melhorando e redimindo.

Para evitar que o mal Espírito traga problemas a uma casa ou a uma pessoa, o que é possível fazer?
A vivência segundo o amor que Jesus nos ensinou é sempre o melhor processo para remover as chamadas más influências. E o hábito também da oração, que devemos cultivar muito vivo em nossas casas.

Dizem que determinadas pessoas – uma coisa que eu não sei explicar –, mas que determinadas pessoas poderiam, se quisessem, receber Espíritos. E o que acontece quando uma pessoa não quer se aprofundar e não quer receber esses Espíritos?

Essa pessoa não pode e nem deve ser violentada no seu livre arbítrio para escolher o seu caminho de fé. Por isso mesmo as leis de Deus determinam que a criatura seja respeitada e que ela siga o caminho religioso que lhe pareça mais favorável e o mais conveniente para ela.

Quando uma pessoa não tem bom comportamento na vida, quando ela morre, é verdade que o Espírito dela fica vagando e fica penando no espaço?

O problema, segundo os nossos amigos espirituais, procede com complexo de culpa quando praticamos qualquer ato que determine em nós mesmos um processo culposo que nós transferimos para o além, como aqueles inúmeros remorsos e tardios arrependimentos em muitos casos. Nós não vagueamos assim, como criaturas que tivessem agindo aereamente. Mas somos criaturas que carregamos o fardo de nossas lembranças, e aquelas lembranças funcionam como peso que estabelece a nossa gravitação em torno dos lugares em que nós cometemos determinados delitos.

Quando uma criança que tem seis meses, cinco meses, essa criança não teve tempo de fazer mal a ninguém, essa criança nasceu faz tão pouco tempo, e essa criança nasceu defeituosa. Ela nasce sem os braços, ela nasce sem as pernas, com apenas o tronco e a cabeça. Essa criança vai passar uma vida inteira sofrendo. Se ela não teve tempo de fazer mal a ninguém, por que razão ela vai passar uma vida inteira com a cabeça e com o corpo sem os membros? Teria sido uma penitência de alguma coisa cometida em outras vidas?

Emmanuel nos pede para considerar o assunto à margem do computador. Que cada existência nossa na terra é uma programação em nosso cérebro como se fosse a programação de um computador. Os nossos amigos e benfeitores da vida maior, os santos, os mártires, os grandes benfeitores da humanidade que nós veneramos, naturalmente que nos auxiliam a aproveitar a existência na Terra. E entramos no nosso processo autoeducativo na escola do mundo. Mas quando desajustamos o computador que é o nosso cérebro, seja pelo suicídio ou pelo homicídio conscientemente praticados, nós perturbamos as peças do computador e sofremos em nosso campo espiritual as consequências.

Isso quer dizer que é possível?

Sim, é possível. O sofrimento de uma criança, do ponto de vista espiritual, foi provocado pelo Espírito que está naquela faixa de infância, mas trazendo em si as sequelas de um processo culposo muito grande que impede que essa criatura tenha uma vida normal por determinado tempo.

E quando um homem alcança tudo na vida, se torna um rei, quem sabe, dizem que nem um rei tem tudo o que quer. Mas admitindo que ele se torne um rei e que ele tenha tudo a seus pés, e esse homem é um mau rei, um homem mau. Ele está com sessenta, setenta anos. Mas ele está com a vida plena de felicidade, por mais maldade que ele faça. Ele vê que a cada dia que passa tudo lhe sorri. Ele vê que a cada dia que passa, mais ele consegue. Estará esse homem, que hoje é rei, recebendo prêmio de uma vida passada? E esse homem que hoje é rei, na próxima vinda talvez volte como uma criança sem braço, sem perna?

Sim. A oportunidade de desfrutar tamanho privilégio terá sido uma premiação que o Espírito conquistou. Entretanto, se ele usufrui desse privilégio criando problemas e dificuldades para o seu semelhante, muitas vezes na posição de ápice a que essa pessoa foi conduzida por mérito dela própria, muitas vezes, nessa condição, ela possui muitos amigos, muitos dependentes, famílias numerosas que dependem da autoridade ou do trabalho dela. E essa pessoa, mesmo errando, criando dificuldades que ela deveria impedir na sua própria vida, essa pessoa é conservada e transitoriamente amparada, mesmo pela divina providência em respeito àquelas centenas de milhares de outras pessoas que dependem dessa pessoa. Mas, de futuro, se o homem ou a mulher que usufruem privilégios de autoridade e de influência, de fortuna material, de dominação sob qualquer aspecto, se o homem ou a mulher não sabe usar esse patrimônio em benefício da comunidade, mais tarde, a pessoa, entrando no processo culposo, individualmente responderá pelos delitos que haja praticado. Porque todos os benefícios vêm de Deus, e Deus nos empresta semelhantes recursos para sermos bons para os outros.

E não acredita você que essa mesma pessoa que foi premiada em decorrência de um bom comportamento em outra vida, essa pessoa que tem tudo, essa pessoa que tem toda a felicidade, ela amanhã possa sofrer, não digo um castigo, mas ela possa também perder os braços, perder as pernas, para que isso seja uma provação, para que ela perceba como se comportou, tendo tudo e passando a não ter nada?

Bem, nós todos na Terra somos usufrutuários dos bens terrestres, embora, muitas vezes, nos sintamos proprietários para a solução dos problemas legais – porque as leis devem imperar sobre as nossas vidas –, mas no fundo todos somos usufrutuários. De modo que a pessoa, muitas vezes, não é propriamente castigada, mas se uma pessoa que já alcançou muito mérito, se essa pessoa pode se encaminhar para uma culpa muito grande, para determinado ato que vá complicar todo o seu futuro durante séculos, é possível que os amigos espirituais dessa pessoa promovam, por exemplo, uma laringite em favor dela, quando ela vai falar o que não se deve. Promova, por exemplo, um processo de reumatismo quando essa pessoa deva ficar em casa e não andar ao encontro de assuntos que não lhe dizem respeito. Isso tudo, que parece, muitas vezes, complicação ou punição, no fundo é favor do mundo espiritual para que a pessoa não se complique. Porque nós todos vivemos sob leis divinas maravilhosas. Eu acredito que se o Senhor não me permitisse eu não poderia abrir a boca num programa de tamanha importância como o Programa Silvio Santos.

Você me dizia, durante o intervalo, que gostaria de fazer um agradecimento. Fique à vontade.

Nós pedimos licença para agradecer ao nosso grande amigo e brasileiro, nosso amigo Silvio Santos. Agradecer a ele e a todo o público desse maravilhoso programa e a todos aqueles que acompanham a obra benemérita de Silvio Santos em nosso país. Queremos agradecer a todos pelas gentilezas que estamos recebendo e o amparo que foi concedido a nossa família maior em Uberaba nos últimos programas, atendendo as nossas tarefas do Natal. E com esse agradecimento, desejamos ao nosso caro amigo Silvio Santos, a todos os seus caros familiares, a todos os companheiros, a todas as nossas irmãs, aos nossos benfeitores que aqui se encontram e que nos ouvem, deseja- mos a todos um Natal muito feliz, um ano novo muito feliz. Que em nossos templos religiosos possamos orar felizes pela paz que nós des- frutamos em nosso país, seja qual for a nossa crença. Agradecemos a Deus por tanta felicidade, tanta oportunidade de trabalho, ao mesmo tempo em que rogo a todos que, quando orarem, lembrem-se também de mim. Embora eu não mereça, eu rogo a todos uma prece em meu favor. Muito obrigado.

Chico Xavier, muito obrigado pela deferência, muito obrigado por ter vindo ao meu programa. Tenho certeza de que o público teles- pectador, os brasileiros, ficaram muito atentos às suas palavras. E agora, o Cláudio Fontana vai encerrar o programa com o balé dos estúdios Silvio Santos e com a coreografia do Jonas Moura cantan- do a canção *O homem de Nazaré*, de autoria do cantor e compositor Antônio Marcos.

CAPÍTULO 8

"Fogo" no movimento espírita

DÉCADAS ATRÁS, MUITOS ESPÍRITAS FORAM CONTRA A PAR-ticipação de Chico Xavier em programas de televisão. Já falamos sobre isso neste livro. Temiam uma vulgarização da doutrina espírita e uma decadência de Chico diante de tentações como orgulho e vaidade. Hoje, podemos ver que a aceitação de Chico de aparecer na televisão foi muito correta – e ele teve sabedoria para aguardar o momento adequado. O movimento espírita *precisava* disso para a sua efetiva divulgação Brasil afora.

O primeiro grande momento de Chico Xavier na televisão, como vimos até agora, foi a entrevista que fiz com ele em maio de 1968. Ele falou sobre a missão que tinha a cumprir, divulgando a belíssima filosofia estruturada por Allan Kardec. A entrevista foi um ponto de virada para o espiritismo no Brasil. Apesar do grande sucesso, está longe de ser o momento mais marcante de Chico na grande mídia. Muito longe.

O divisor de águas do movimento espírita no Brasil aconteceu também na TV *Tupi*, mas teve outro nome: *Pinga-fogo*. O programa – transmitido simultaneamente via rádio do mesmo grupo – atingiu índices elevadíssimos de audiência, divulgando ao máximo, agora sim, o espiritismo e o nome de Chico Xavier. Foi o fato que verdadeiramente "colocou fogo" na divulgação da filosofia espírita.

Compreende-se por que Divaldo Franco afirmou:

> "O 'Pinga-fogo' foi o momento culminante na história da divulgação do espiritismo no Brasil, tendo sido o divisor dos períodos antes e depois dele."

Carlos Baccelli complementou:

> **"A participação de Chico Xavier no programa 'Pinga-fogo' apresentou a verdadeira face do espiritismo ao Brasil. Foi um novo Pentecostes, a maior sessão mediúnica de que se tem notícia na história transmitida ao vivo pela televisão."**

Sinto-me muito feliz por ter atuado no epicentro desse grande episódio que agitou o Brasil.

Os primeiros passos: receio na *Tupi*

O *Pinga-fogo* era um programa de muito sucesso. Toda a semana, um convidado respondia a perguntas de entrevistadores, do auditório e até de personalidades que gravavam questões fora do estúdio. Essencialmente, destinava-se a entrevistar políticos. Algumas vezes, grandes personalidades de fora da política passavam por ali. Para fazermos uma comparação distante, apenas para que você tenha uma noção do modelo do programa, pense no atual *Roda Viva*, exibido pela TV *Cultura*.

O *Pinga-fogo* não tinha apenas entrevistadores da casa. Dois ou três entrevistadores de fora participavam no estúdio, incluindo convidados especialistas no assunto em questão. Diferentes visões sobre o tema equilibravam as ideias. Eu participava algumas vezes, como repórter. A direção do programa incumbia-me de levantar informações e colher perguntas fora do estúdio.

O *Pinga-fogo* viveu a agitação política no Brasil em 1963 e 1964. Direitistas reuniam-se perto da *Tupi* e tentavam impedir que políticos de esquerda entrassem para falar no programa. A emissora precisava chamar a polícia para garantir o acesso de entrevistados. Toda a agitação refletia-se nos altos índices de audiência do programa.

Em 1971, o *Pinga-fogo* enfrentava um declínio na audiência. A *Tupi* cobrava mudanças. A direção do programa, em um esforço para recuperar-se, colocou repórteres em campo à procura de novidades. Fiquei pensativo, e a ideia de sugerir Chico Xavier não tardou a surgir.

Falei com Walter Sampaio, diretor do programa. Argumentei que Chico estava em destaque no Brasil e poderia dar uma entrevista de profundo conteúdo. Ele apenas ouviu, sem opinar. Levou a sugestão ao chefe de reportagem, Gonçalo Parada: "O Magrão está sugerindo esse nome. Leve para a diretoria da emissora. Fale com o Edmundo Monteiro, o Cassiano Gabus Mendes, todos os diretores." (Vale lembrar que Magrão era o meu apelido.)

Três dias depois, Sampaio disse-me que estava difícil concretizar a ideia. Alguns diretores não eram simpáticos à presença de Chico no programa. "Vamos até a direção para conversar, explicar melhor", disse Sampaio.

Na reunião com os diretores, estava Fernando Severino, diretor comercial. Era ele quem mais cobrava uma agitação nos alicerces do programa. Com audiência menor, ele tinha menos anunciantes.

Lembrei a eles como Chico chamava a atenção. As entrevistas de 1968 ainda repercutiam. Havia incontáveis cartas e telefonemas de telespectadores que perguntavam quando veriam Chico novamente em um programa da *Tupi*.

"A ideia é ótima, mas arriscada", replicou Severino. "Trazer Chico Xavier pode me arrebentar com os anunciantes. Como nós vamos segurar as pontas com o pessoal ligado à Igreja católica que traz dinheiro aqui para a emissora?"

Alguns diretores compartilharam esse receio, mas não negaram a ideia – pediram um tempo para pensar. Um deles disse: "O Saulo sempre traz boas ideias para a *Tupi*. Como repórter, não o questionamos, confiamos muito. Mas essa ideia precisa de reflexão."

Uns três dias depois, fui chamado para outra conversa. "O pessoal não quer mesmo trazer Chico Xavier", disse Walter Sampaio. "Eles temem a repercussão por ser um convidado espírita. A Igreja católica esperneou em 1968. Já houve muitas reclamações no ouvido do sr. Edmundo Monteiro. Você não soube porque ele não deu importância. Ele age como um profissional, quer que a emissora vá para a frente no jornalismo."

Mesmo assim, nós nos reunimos novamente com os diretores. Eu era um dos poucos repórteres que, em razão da grande credibilidade conquistada, frequentavam habitualmente a sala da direção.

Em meio às argumentações, um dos diretores (prefiro não citar o nome), provando desconhecimento quanto a Chico Xavier e ao espiritismo, disparou: "Ô Saulo, você é um grande repórter, todo o mundo aqui te respeita, mas não me venha mais com essa. Trazer *pai de santo* ao *Pinga-fogo*? O programa não é lugar para pai de santo, não." O diretor, Luís Monteiro, questionou: "O que Chico Xavier teria para falar no programa? O *Pinga-fogo* tem um público cativo de anos, interessado em política."

A situação era mais difícil do que eu pensava. Antes de finalizar a reunião, eu ainda investi: "Sou funcionário de vocês. Acato a decisão da diretoria. Mas devo dizer que estamos jogando fora uma grande oportunidade. Eu sinto cheiro de audiência nisso.

Vocês não andam nas ruas, como eu. Eu sei o que as pessoas dizem sobre o Chico, a curiosidade sobre ele."

Alguns dias depois, Sampaio falou de novo comigo: "Olha, as conversas sobre o Chico Xavier continuam. O Gonçalo Parada continua a agir na diretoria. Parece que estamos conseguindo dobrar o pessoal. Mas... será que o Chico Xavier vem? Você não quer consultá-lo?" Eu não quis correr esse risco. Imaginava que, pela confiança depositada em mim, Chico aceitaria o desafio. Mas e se eu o consultasse e a ideia nunca fosse aprovada pela diretoria?

Determinado, Sampaio pediu que eu o acompanhasse até a sede da *Tupi*, na avenida Sete de Abril, para falar direto com o presidente, Edmundo Monteiro – sim, aquele de ideias liberais, à frente do tempo, focado no profissionalismo. Sampaio não queria desrespeitar a hierarquia. A intenção não era passar por cima de uma firme negativa dos outros diretores. Ele já devia sentir uma pressão menor contra Chico, por isso agora a ideia de tentar com o presidente.

Não surpreendentemente, o sr. Monteiro disse: "Está dada a ordem. Podem procurar Chico Xavier. Ele só não participa se não quiser. Chico Xavier deve dar audiência. O resto, nós vamos ver depois."

Era, enfim, o sinal verde para um dos maiores sucessos da televisão brasileira.

Contato com Chico

Estávamos em julho. Aprovada a ideia, houve pressa na direção do programa. Queriam a entrevista naquele mês.

Telefonei para Chico Xavier e agendei com ele um encontro em Uberaba. Não antecipei detalhes.

Finalmente em Uberaba, fiz a ele a proposta sobre o *Pinga-fogo*. Perguntei se ele conhecia o programa. Não só conhecia; ele também assistia. Na humildade de sempre, ele comentou:

> "Ah, Saulo, isso é muito complicado. Como eu vou a um programa desses? Só vão doutores lá, pessoas muito importantes. Eu não tenho essa importância, não."

Argumentei que ele tinha, sim, muito a dizer; que as pessoas telefonavam e escreviam cartas à emissora, pedindo mais a presença dele nos programas; que uma entrevista no *Pinga-fogo* ia sacramentar tudo o que começara na entrevista de maio de 1968. E ele ouvindo, de cabeça baixa, em reflexão. Enfim, disse:

> "Olha, você é um irmão muito querido. Você acha que eu devo ir? Então eu vou. Veja o que eu tenho que fazer."

Preparativos para o programa

Os trabalhos da produção foram intensos naqueles dias.

Fui chamado para opinar sobre os nomes dos entrevistadores convidados. Como eu disse há pouco, sempre havia a participação de convidados especialistas no assunto a ser discutido. Definimos a participação de quatro espíritas – um deles, o respeitadíssimo Herculano Pires.

Era importante ressaltar também um *contraponto* nas discussões, e esse foi o meu foco principal. Enquanto a produção se preocupava mais com nomes espíritas, eu pensava em católicos, rabinos, pastores evangélicos, umbandistas, ateus etc. Espírito de repórter, digamos assim. Definimos, então, nomes entre pessoas de destaque nesses meios.

Alguns gravaram perguntas antes, fora do estúdio. Foi assim, por exemplo, com o líder evangélico Manoel de Mello, da Igreja O Brasil para Cristo, que eu sugeri. Fui até a sede da igreja em que ele atuava e expliquei a minha intenção de levá-lo ao estúdio. Ele hesitou, estranhando participar de algo relacionado com o espiritismo. Depois cedeu, mas disse que tinha um compromisso no dia do programa, por isso aceitaria gravar uma participação. Perguntou se poderia perguntar qualquer coisa. Dei liberdade total, amparado pelo espírito de independência do programa. Ele mandou uma pergunta bombástica para Chico – que a respondeu, ao vivo, com paciência e serenidade.

A independência na produção do programa resultou em outras conquistas que merecem ser destacadas. Não houve rejeição nenhuma a nomes apresentados como participantes especiais, nem a perguntas a serem feitas. Nada foi "filtrado". Sem um roteiro, tudo seguiria naturalmente. Portanto, Chico Xavier chegaria ao estúdio sem ter ideia do que seria perguntado. Aliás, ele não sabia sequer a composição da mesa de entrevistadores. Imagine como foi corajosa a *Tupi*, ao proporcionar tudo aquilo naquela época.

Depois de um exaustivo trabalho de preparação, três dias antes do programa, a *Tupi* começou a fazer chamadas para o *Pinga--fogo* com Chico Xavier. Hoje, relembrando a história, noto como o programa deu sinais de um supersucesso antes mesmo de ir ao ar, por algumas reações que as chamadas desencadearam. Restaurantes de São Paulo instalaram televisores para não perderem clientes na noite do programa. Pessoas que trabalhavam à noite levaram pequenos televisores ao trabalho para acompanhar ao vivo o *Pinga-fogo*.

Chico Xavier antes do programa

Chico foi a São Paulo na véspera do programa. Como sempre, ficou hospedado em uma casa no Pacaembu, de Nena e Francisco Galves, simpático casal amigo de longa data.

A sra. Nena Galves deu um emocionante depoimento sobre a noite de Chico Xavier naquela véspera. Segundo ela, Chico andou pela casa, principalmente no jardim, sereno, em meditação e oração, pedindo auxílio a Jesus e a Emmanuel. Como era hábito, preocupava-se com a doutrina espírita, não com ele próprio. No programa, não podia fazer nada que arranhasse a imagem da sua amada doutrina.

No dia seguinte, o *grande dia*, Chico manteve a serenidade.

À noite, o casal Galves levou-o à *Tupi*, no Sumaré. Todos se aglomeraram para vê-lo de perto. Como era habitual, Chico ficou sem graça com o assédio. Vermelho, cabisbaixo, com vergonha mesmo, por não se achar merecedor de tanta atenção.

Eu o encontrei pela primeira vez ali mesmo. Atarefado com o programa, não pude dedicar-me a ele antes.

O próprio presidente dos Diários Associados, Edmundo Monteiro, apareceu para recepcionar Chico. Evidentemente, Chico ficou grato pelo respeitoso tratamento, mas, é claro, achou que se tratava de um "exagero" o qual não merecia.

Mais tarde, com o assédio menos intenso das pessoas, Chico recolheu-se em meditação. Estava prestes a entrar no estúdio. Quando foi chamado a assumir a cadeira do entrevistado, fez algo que passou a ser hábito em momentos como esse: no corredor, antes de entrar no estúdio, parou por uns quinze segundos, de pé, cabeça baixa, silencioso, e então seguiu adiante.

A televisão brasileira estava a poucos minutos de fazer história.

Supersucesso no ar

27 de julho de 1971, terça-feira. Parte do Brasil parou para ver Chico Xavier no *Pinga-fogo*. Literalmente, parou para ver. E para ouvir, porque o programa foi transmitido simultaneamente pela rádio *Tupi*. Foi também uma das raras transmissões em cadeia com a rádio *Difusora*.

Digo *parte* do Brasil porque naquela época não havia transmissão em cadeia nacional. O programa tinha exibição simultânea em alguns estados, principalmente nos da região Sudeste. Depois, a *Tupi* enviava cópias das fitas às emissoras afiliadas Brasil afora, para exibições em outros dias. Veremos isso daqui a pouco. Por ora, vale dizer que, em alguns estados sem a transmissão original, a população conseguiu – na pura sorte – acompanhar o

programa ao vivo por rádio, via ondas curtas. Isso aconteceu no Nordeste, por exemplo.

No estúdio, as pessoas excediam a capacidade do local. Algumas estavam sentadas no chão. Líderes espíritas de grande expressão e artistas dos mais renomados na época podiam ser vistos no auditório. Por exemplo, o diretor de cinema Anselmo Duarte e o cantor Blackout.

Chico respondeu a perguntas dos entrevistadores, de pessoas no auditório, de pessoas que haviam gravado perguntas especialmente para o programa e de pessoas que participaram por telefone. Eu atuava na estrutura do *Pinga-fogo*, mas essa foi a primeira vez que participei também como entrevistador. Além disso, peguei um microfone e dei voz a pessoas no auditório. Entre as celebridades, destacou-se a participação de Blackout. Ele vivia no Rio de Janeiro, mas estava em São Paulo para *shows*. Apareceu de última hora na emissora e pediu para fazer parte do auditório. Ele passava por um drama pessoal intenso. Deu o seu depoimento e fez uma pergunta a Chico, emocionando todo o mundo.

O programa avançou na noite. Tranquilo, Chico respondeu a perguntas profundas e muitas vezes incomuns ou incômodas para a época. Por exemplo, falou sobre homossexualismo, transplante de órgãos, conquista do espaço, divórcio. Houve, também, momentos de descontração. O público riu muito quando Chico narrou a sua experiência tragicômica de quando pensou que fosse morrer em um acidente aéreo.

Os telespectadores, aos montes, telefonavam para a *Tupi*. Se hoje, em uma situação dessas, congestionam-se as linhas, imagine naquela época. Foram tantas as ligações que a central telefônica que atendia ao bairro não resistiu; a vizinhança ficou com as linhas mudas durante algumas horas. No dia seguinte, a *Tupi* emitiu um comunicado para pedir desculpa aos vizinhos por esse incômodo.

O tumulto não ocorreu apenas em meio a fios telefônicos. Aliás, esse nem foi o maior problema. Na frente do prédio da emissora, começaram a chegar mais e mais pessoas, até o local ficar lotado como a praça São Pedro, no Vaticano, em domingo de Páscoa!

Essas pessoas ficaram aflitas. Estavam ali na esperança de ver Chico Xavier de perto, mas queriam, também, assistir ao programa. Em uma época sem recursos de gravação, como o videocassete, poderia não haver outra oportunidade de ver Chico no *Pinga-fogo*.

Momento de intensa emoção: no programa, Chico psicografou, ao vivo, uma mensagem de Emmanuel.

A *Tupi* não ficou alheia a esses anseios. Em consideração aos milhares de pessoas diante do prédio, foi ordenado que funcionários instalassem provisoriamente alguns televisores lá fora. A Polícia Militar compareceu para ajudar a organizar a multidão.

Enquanto isso, o IBOPE apurava a audiência. Telefonava para casas e perguntava em qual canal a TV estava sintonizada. Logo os números encostaram em impressionantes *cem por cento* de audiência. Vale lembrar que havia milhares de pessoas diante da *Tupi*, e que restaurantes e empresas tinham televisores ligados. Somando tudo, praticamente chegamos a cem por cento.

As surpresas não pararam por aí. O sr. Edmundo Monteiro – sim, o próprio presidente dos Diários Associados – telefonou do Guarujá, onde morava, e *ordenou que o programa prosseguisse indefinidamente, até segunda ordem*. Imagine o impacto disso. Em vez de uma hora e meia, duração normal, o programa ficou no ar por aproximadamente três horas e vinte minutos. *Foi a primeira vez que isso aconteceu.*

Com isso, o conteúdo da entrevista aumentou, e Chico teve aproximadamente duzentos minutos para falar da sua tão amada doutrina, enquanto o público teve duzentos minutos de aprendizagem, amor, fé, esperança e caridade.

Depois do programa

É fácil imaginar qual era o clima depois do programa. Estávamos todos exaustos, mas extremamente felizes.

Chico foi cercado no palco. Todos queriam abraçá-lo, cumprimentá-lo. Se achamos difícil tirá-lo dali, foi porque não tínhamos visto ainda a externa do prédio.

Lá fora, a multidão delirou quando viu Chico. As pessoas choravam, emocionadas. Demorou para Chico ir embora. Muitas pessoas ficaram por ali até o início da madrugada, em um clima festivo e de paz.

Gravação do filme *Chico Xavier*. À direita, Nelson Xavier como Chico; ao lado dele, Paulo Goulart como Saulo Gomes.

A equipe do programa também comemorou. Estávamos em êxtase com a repercussão astronômica da entrevista. Ouvi de colegas cumprimentos como: "Pô, Magrão, olha o sucesso! Você acertou mais uma!"

Três dias depois, uma carta da diretoria comercial – assinada também pelo presidente Edmundo Monteiro – foi entregue a nós, com cumprimentos e agradecimentos. Nela, os números impressionantes do IBOPE. Como era de se esperar, o sr. Monteiro enviou também uma carta de agradecimento a Chico.

Curiosamente, os diretores da emissora que mais foram contra a participação de Chico Xavier no *Pinga-fogo*, em nenhum momento reconheceram o erro nem cumprimentaram a equipe pelo grande sucesso.

Efeito bola de neve

O que podíamos imaginar a partir de então? Talvez que a repercussão do programa durasse alguns dias na boca do povo, e ponto final, como acontece com qualquer programa de sucesso. Mas a repercussão daquele *Pinga-fogo* crescia cada vez mais, como uma bola de neve que avançava por todo o Brasil. Na verdade, ele repercute ainda hoje, mais de quatro décadas depois! (O programa ganhou destaque no filme *Chico Xavier*, dirigido por Daniel Filho.)

Se não havia cadeia nacional, como o restante do Brasil assistiu ao programa?

Os estados que ainda aguardavam a reprodução do programa estavam extremamente ansiosos por ele. A *Tupi* fez algumas cópias da fita original para enviar às afiliadas. Era difícil e caro providenciar isso. Além do preço da operação, perdia-se tempo enviando as cópias por avião (hoje, um *link* direto entre as unidades envia rapidamente o material). Portanto, as poucas cópias feitas foram disputadas ferrenhamente pelas afiliadas. Em cada estado, o sucesso da exibição também foi estrondoso.

Enquanto isso, em São Paulo, a *Tupi* não vencia ler cartas e atender telefonemas de pessoas que pediam reprise do programa. Diante de tanta pressão, a reprise foi realizada poucos dias depois.

> **As pessoas desejavam, também, ter acesso ao conteúdo completo da entrevista. Como possibilitar isso em uma época em que não era possível gravar programas de TV em casa?**

A solução: publicar a íntegra do programa no *Diário de São Paulo*, jornal do mesmo grupo da *Tupi*. Como tudo o que dizia respeito àquele programa resultava em sucesso fenomenal, houve mais uma surpresa. A edição foi feita no final de semana. O jornal chegava às bancas por volta de seis horas da manhã. Naquele dia, a tiragem esgotou-se às duas horas da tarde. Foi a primeira vez que isso aconteceu com o jornal. Para atender a demanda, a gráfica imprimiu às pressas mais exemplares e reabasteceu as bancas.

Essa não foi a única publicação impressa da entrevista. Ela também foi reproduzida em outros idiomas, possibilitando que a entrevista corresse o planeta. Por exemplo, a organização religiosa japonesa Oomoto publicou a íntegra da entrevista em esperanto, em um jornal próprio.

O segundo *Pinga-fogo*

Em dezembro daquele mesmo ano, a *Tupi* quis finalizar em grande estilo a temporada do *Pinga-fogo*. O último programa de 1971 deveria ser especialmente marcante. Qual convidado estaria à altura?

Os mesmos diretores que inicialmente tiveram aversão à ideia de Chico Xavier no *Pinga-fogo*, e que depois não foram humildes para reconhecer o êxito daquela noite tão especial, reuniram-se e decidiram-se por Chico Xavier como último participante do ano. Walter Sampaio procurou-me para dar a notícia. Muito feliz, fui às pressas falar com Chico.

A reação dele foi a habitual, cheia de humildade:

"Ah, Saulo, eu não sei, não. Eu não tenho esse gabarito. Voltar? Será que eu tenho algo mais a dizer? O meu medo é fazer algo que comprometa a minha amada doutrina. Olha, eu confio em você. Pense bem, veja se eu devo mesmo ir."

No fim, a nossa conversa terminou com um compromisso para um novo *Pinga-fogo*. Mais uma vez, a *Tupi* e o espiritismo formariam uma história de sucesso que traria amplos benefícios para ambos.

Era comum o entrevistado gravar uma chamada para a divulgação do programa. Dizia mais ou menos isto: "Eu, Fulano, estarei no dia tal no programa *Pinga-fogo* [...]" Na segunda edição,

jornal de domingo

diário de s. paulo

CHICO XAVIER

Um homem, aspecto tímido,
o rosto um
pouco triste. Ele vai
começar a falar sôbre um
assunto que
vai tomar conta da cidade.
Esse homem chama-se
Francisco Xavier,
médium espírita conhecido
em quase todo mundo.
Um homem simples que vai falar
sôbre a geração
de crianças em tubos
de ensaio,
das guerras, das violências
do mundo.
Um homem, sobretudo um homem
que acredita na poesia
de seus quatrocentos autores
psicografados.
Um homem, os óculos
escondendo os olhos pequenos,
um auditório repleto
de estudantes,
de mulheres, crianças,
trabalhadores.
Chico Xavier vai falar.

Depois que Chico Xavier falou tôda a cidade estava cativada. O Canal 4 repetiu
todo o programa "Pinga-Fogo". E a cidade ficou comentando
nos seus bares, nos seus escritórios, no seu desespêro, nas suas fugas.
Uma cidade que perdeu seus anseios, que se escondeu dentro dela mesma, dentro
dos seus restaurantes, das suas farmácias, dos seus cinemas, nos teatros,
nos parques de algumas árvores. A cidade
comenta Chico Xavier. Hoje nós publicamos tôdas as palavras
dêsse homem. Tôdas as páginas do Jornal de Domingo
são de Chico Xavier, um homem que está falando da paz entre os povos
do mundo: "Se não entrarmos numa guerra de
extermínio nos próximos 50 anos, nós poderemos esperar realizações
extraordinárias da ciência humana partindo da Lua".
De repente uma cidade inteira estava chorando diante de um aparelho de
televisão. Chico Xavier estava rezando por todos.

Edição do *Diário de São Paulo* com a íntegra do primeiro *Pinga-fogo*.

Chico gravou uma chamada dessas. O Brasil já passou a delirar a partir daí!

Com base nos tumultos da primeira participação de Chico, a *Tupi* preparou-se melhor para a nova edição. Colocou televisores na parte externa do prédio, preparou a rua em frente, avisou à polícia para que ajudassem a administrar o trânsito nas redondezas.

Em 21 de dezembro, o programa foi ao ar. Decididamente, não se justificavam mais os receios de alguns diretores quanto a patrocinadores. A Capemi (Caixa de Pecúlio de Militares), patrocinadora da edição anterior, estava de volta, com todo o prazer.

Chico Xavier marcou momentos inesquecíveis e únicos com o *Pinga-fogo*. Já vimos que, pela primeira vez, o programa passou – e muito! – o limite de uma hora e meia de duração. Além disso, nenhuma outra edição do programa conquistou tanta audiência e repercussão incessante Brasil afora, e pela primeira vez o *Pinga-fogo* abriu espaço destacado a um não político. A novidade maior era que, pela primeira vez, um convidado *voltava* ao programa. Mais impressionante: voltava apenas cinco meses depois. Para coroar a história, falta dizer que a segunda edição também avançou no tempo... e mais ainda que na primeira edição: durou mais de quatro horas. *Mais de quatro horas!* Sem sinais de cansaço na audiência.

Tudo aconteceu nos mesmos moldes da edição anterior. A diferença estava nos entrevistadores, diferentes dessa vez para dar outra dinâmica à entrevista.

Um fato desagradável, no entanto, merece destaque. Líderes católicos, que se limitaram a tênues manifestações públicas na época da primeira edição, consideraram que uma segunda edição já era demais – uma afronta. Falaram em "deseducação em massa do povo brasileiro", e houve quem pedisse censura. Líderes de muito peso, como dom Aloísio Lorscheider e dom Eugênio Sales, fizeram coro aos protestos. Em entrevista coletiva, dom Aloísio Lorscheider, dom Ivo Lorscheiter e dom Avelar Vilela Brandão, da Conferência Nacional dos Bispos do Brasil (CNBB), disseram: "É excessiva e maciça a publicidade em torno das atividades mediúnicas, especialmente do fenômeno Chico Xavier. Admitimos o direito de consciência religiosa, que consideramos sagrado. No entanto, o que observamos não é rigorosamente o uso de um direito. Por trás desses programas de divulgação, há perigos evidentes para a formação religiosa do povo brasileiro."

Chico dizia que "tudo passa, inclusive as coisas boas". Nem sempre, meu caro Chico. Aqueles protestos ficaram para trás, perdidos no tempo; a doce atuação de Chico Xavier no 'Pinga-fogo' é lembrada até hoje, com carinho, respeito e agradecimento.

. * . * .

CAPÍTULO **9**

Chico
e a medicina

O UNIVERSO DO ESPIRITISMO ENVOLVE ORAÇÕES, TRATA-mentos espirituais, homeopatia, "cirurgias" feitas por médiuns que incorporam Espíritos benfeitores. Você pode imaginar quantos doentes procuravam Chico, aflitos por ajuda e consolo? Chico, então, mantinha-os apenas no lado espiritual, longe dos médicos, certo?

Errado. Chico acreditava profundamente em todo esse universo e sentia-se feliz quando as pessoas se envolviam com o lado espiritual para o tratamento de uma doença. No entanto, ele não defendia o distanciamento da medicina tradicional. Muito pelo contrário: esclarecia a todos que a parte espiritual era um *complemento* da medicina tradicional.

O próprio Chico recorria frequentemente à medicina tradicional – passou por cirurgias, inclusive. Em certos aspectos, ele tinha a saúde meio debilitada. Até o fim da vida corpórea, em 2002, aos noventa e dois anos, foi tratado por médicos de quem se tornou grande amigo. Um deles, Elias Barbosa, chegou a escrever uma biografia do médium. Um outro, Eurípedes Tahan, acompanhou-o até o último dia.

Chico dizia que a medicina é algo natural dos homens. Temos sabedoria para estudar, pesquisar, avançar nas ciências. Não podemos passar por cima disso. Para ele, um tratamento tradicional era tão "sagrado" quanto um tratamento espiritual.

Apesar dessa posição firme sobre a medicina tradicional, Chico sofreu críticas e preconceitos por parte de médicos. "Curandeiro" foi uma das palavras mais suaves dirigidas a ele. Naturalmente, a polêmica atraiu também a atenção de médicos muito sérios, pesquisadores, interessados em analisar o caso sob o microscópio da razão. Quem era o tal Chico Xavier? O que ele pretendia com a medicina tradicional? Em que ele se amparava para falar de temas médicos?

As atenções desses profissionais eram instigadas por respostas que Chico dava, em entrevistas de grande repercussão, a questões da medicina tradicional. Como ele conseguia dar respostas precisas se nunca havia frequentado um curso de medicina? E quanto às respostas relacionadas com detalhes que ainda careciam de mais pesquisas, e que nem os próprios médicos sabiam direito como responder?

> **Em duas ocasiões, separadas por quatro décadas, Chico falou publicamente sobre a medicina tradicional de um modo que espantou todo o mundo.**

A primeira foi em 1935, em entrevistas a Clementino Alencar; a segunda, em 1971, no programa *Pinga-fogo*, quando respondeu, ao vivo, a algumas questões relacionadas. O que poucas pessoas sabem é que, em uma reunião muito reservada, especialmente dedicada ao tema, com médicos de alto gabarito, Chico também falou muito. E deixou as pessoas boquiabertas. Eu participei da reunião, e, neste capítulo, conto como foi.

Médicos interessados em Chico

O interesse de médicos e pesquisadores em Chico crescia a cada ano. Infelizmente, poucos conseguiam libertar-se de preconceitos. Estavam sempre dispostos a contestar as respostas de Chico e a abalar a sua credibilidade sem se dar ao trabalho de analisar antes os conceitos.

Poucos meses depois da participação de Chico no *Pinga-fogo*, um pequeno grupo de médicos pesquisadores de altíssima credibilidade teve a ideia de reunir-se com ele em um evento reservado. As intenções eram muito sérias, sem sensacionalismo, por isso os médicos não admitiam divulgação. Tudo o que envolvia Chico tornava-se um "grande acontecimento", e era isso que os médicos queriam evitar.

As entrevistas a Clementino Alencar e no *Pinga-fogo* eram dois grandes focos na pauta dos médicos. Como Chico podia responder a perguntas complexas sobre temas que ele não dominava? Haveria mesmo atuação de Espíritos para orientar as respostas?

Eles haviam assistido ao *Pinga-fogo*; eram testemunhas daquele programa. As entrevistas de Clementino Alencar eram de muitos anos antes, mas estavam bem documentadas por um jornal de credibilidade, *O Globo*.

Em 1935, o jornal enviou o repórter Clementino Alencar a Pedro Leopoldo. Ele não acreditava em Chico e, no fundo, estava ali para *desmascarar* toda a *farsa*. Ficou na cidade durante dois meses, acompanhando de perto a rotina de Chico. Entrevistou frequentadores do centro espírita Luiz Gonzaga. Chegou a sentar-se junto a Chico à mesa do centro, durante as sessões. Viu muito de perto as psicografias.

Ao longo do período em que esteve na cidade, Alencar publicou matérias semanais no jornal. Algo curioso aconteceu: os leitores perceberam uma alteração gradativa no teor do que ele relatava – as impressões pessoais. Ao voltar para o Rio de Janeiro, ele escreveu que se tornava cada vez mais difícil pensar em fraudes no que dizia respeito a Chico Xavier. A reação do público foi explosiva, e multiplicou-se a procura por Chico em Pedro Leopoldo.

> **Fizeram parte da investigação de Alencar uns "testes" nos quais ele submeteu Chico a perguntas complexas sobre medicina, direito, economia, política e religião. Chico saiu-se bem em todas.**

Agora, aqueles médicos queriam submeter Chico a questões mais complexas sobre medicina. Mas como chegar a Chico e propor essa reunião?

Um dos médicos tinha acesso a Edmundo Monteiro, o nosso já conhecido presidente dos Diários Associados. A ideia foi apresentada e o sr. Monteiro aprovou de imediato. Se Chico aceitasse, a própria sala do sr. Monteiro estaria disponível para a reunião.

Como sempre, fui destacado para o contato com Chico. Ele teve a habitual modéstia de dizer que não tinha muito o que falar, que não era ninguém para reunir-se com doutores para discutir medicina. Mas aceitou.

Durante os meus quarenta anos de contato com Chico, tive inúmeras provas da sabedoria e da honestidade dele. Essa foi uma. O simples fato de ele aceitar fazer parte da reunião atesta a credibilidade do que ele dizia. Se fosse, digamos, um charlatão, ele fugiria de uma reunião desse nível, por saber que não teria o que dizer e que seria desmascarado pelos médicos.

A reunião

Tudo foi muito discreto – e dissemos a Chico que seria assim. Não houve nenhuma divulgação. Posso dizer que o tom foi de segredo. O sr. Monteiro, muito ético, cumpriu o acordo, nunca divulgou nada. Sabia que Chico era sinônimo de altíssimas audiências, por isso uma notícia sobre esse encontro renderia frutos, mas a discrição não teve deslizes na emissora.

Fui a Uberaba buscar Chico. Usamos um jato dos Diários Associados. A viagem, portanto, foi rápida.

Em São Paulo, seguimos até o prédio da emissora, na avenida Sete de Abril. Chico foi recebido com as cordialidades de sempre, e comportou-se com a mesma humildade. Conversou, tomou café, descontraiu-se. Aproximadamente meia hora depois, chegaram os médicos. Fomos todos à sala do sr. Monteiro, no décimo primeiro andar.

> Os médicos, professores da USP e da UNICAMP, eram seis: dois cardiologistas, um psiquiatra, um vascular, um ginecologista e um geriatra. Em virtude do tom da reunião, prefiro não citar os nomes.

Além de mim, do sr. Monteiro e dos médicos, participaram outros três diretores da empresa. Garçons foram os únicos a entrarem na sala, rapidamente, para servir água, refrigerante e café.

A reunião começou às duas horas da tarde. Foi serena, respeitosa. Chico não sofreu pressões. Estava ali para ser, digamos, *estudado*, não *interrogado*. Respondeu a inúmeras perguntas médicas, falou sobre as respostas dadas por meio de guias espirituais, conversou até sobre amenidades da vida (a sua vida em Pedro Leopoldo e em Uberaba, a família, os amigos, os livros, a vida no mundo espiritual etc.). Não psicografou nada; apenas conversou.

Às seis horas, houve uma pausa para descanso e lanche. Voltamos às sete, e a conversa estendeu-se até as dez. Portanto, a duração total dessa conversa foi aproximadamente de *sete horas*.

Depois da reunião

O jato da empresa levou Chico de volta a Uberaba já na manhã seguinte. Despedi-me dele no aeroporto, agradecendo muito pela atenção e pelo carinho de sempre. Não especulamos sobre as impressões dos médicos. Consciente da discrição do caso, Chico comportou-se de acordo. Aliás, nunca mais falamos sobre isso.

O mesmo silêncio manteve-se na *Tupi*, mesmo entre nós, funcionários e diretores. O encontro nunca foi alvo nem mesmo de uma notinha em jornal ou em noticiário dos Diários Associados. Creio que os médicos, por consideração ao sr. Monteiro, tenham dito a ele todas as impressões que tiveram sobre Chico. Não faço ideia de como aproveitaram o material colhido durante o encontro.

Uma coisa, no entanto, eu posso dizer: pelo que observei na reunião, os seis médicos ficaram positivamente impressionados.

. * . * .

CAPÍTULO 10

Humberto de Campos:
um abraço de
perdão e amizade

AS RELAÇÕES ENTRE A FAMÍLIA DO ESCRITOR MARANHENSE *Humberto de Campos* e Chico Xavier foram tortuosas durante muitos anos. Na verdade, os primeiros abalos foram com o próprio Campos, um pouco antes da sua morte, em 1934, aos quarenta e oito anos.

Ao conhecer *Parnaso de além-túmulo*, primeiro livro publicado por Chico Xavier, Campos reagiu ironicamente. O livro – também psicografado – era uma coletânea de poemas atribuídos a consagrados poetas da língua portuguesa, como Castro Alves, Olavo Bilac e Augusto dos Anjos. No jornal *Diário Carioca* de 10 de julho de 1932, Campos atacou: "A poesia é uma predestinação de tal modo fatal, irremediável, que a vítima não se livra dessa maldição nem, mesmo, depois da morte." E arrematou: "Se eles [os mortos] voltam a nos fazer concorrência com os seus versos perante o público e, sobretudo, perante os editores, dispensando-lhes o pagamento de direitos autorais, que destino terão os vivos que lutam, hoje, com tantas e tão poderosas dificuldades? Quebre, pois, cada espírito a sua lira na tábua do caixão em que deixou o corpo."

Dois anos depois do lançamento do livro criticado, Campos faleceu. Mais tarde, começou uma forte *parceria* entre o *Espírito* dele e Chico. Foi uma relação admirada por muitas pessoas... e combatida por parte da família do escritor.

`A história já foi contada muitas`
`vezes. Mas agora eu trago uma`
`novidade que poucas pessoas conhecem.`

O X da questão

Humberto de Campos, *como Espírito*, teve contato inúmeras vezes com Chico Xavier. O vínculo começou aproximadamente dez anos após a sua morte. Pelas mãos do médium, ele escreveu tantos textos que a produção rendeu seis livros psicografados: *Palavras do infinito*; *Crônicas de além-túmulo*; *Brasil, coração do mundo, pátria do Evangelho*; *Novas mensagens*; *Boa nova*; *Reportagens de além-túmulo*. Como todos os livros ligados a Chico, esses atingiram ótimos desempenhos em vendas.

Alguns familiares de Campos, compreensivelmente, incomodaram-se com tudo isso. Consideravam que o nome do escritor era usado indiscriminadamente – para fins comerciais, inclusive. Para piorar, alguns nem sequer acreditavam na atuação do Espírito de Campos; identificavam nos textos um estilo inferior ao dele.

A história resultou em uma ação judicial contra Chico e a Federação Espírita Brasileira (FEB), que publicava os livros, em 1944. Os autores foram a viúva e dois filhos de Campos, herdeiros do patrimônio autoral.

A ação pedia que a Justiça declarasse se o Espírito de Campos realmente produzia as obras por meio de Chico. Se isso seria complicado hoje, imagine em plena década de 1940. Certamente, o caso virou uma dor de cabeça para o juiz. Se a Justiça negasse a atuação do Espírito, deixaria Chico e a FEB suscetíveis a pagar aos herdeiros uma indenização por danos morais e até à prisão por falsidade ideológica; se reconhecesse a atuação, entraria em terreno perigoso, por admitir – como? – a existência de vida após a morte e a comunicação com Espíritos, e ainda abriria aos herdeiros a possibilidade de receber uma parte das vendas dos livros.

O pesadelo do juiz ficou ainda pior. O advogado dos herdeiros extrapolou na petição, transformando o caso em uma aberração judicial. Ele requereu ao juiz depoimentos de Chico Xavier, de representantes da FEB... e do Espírito de Humberto de Campos. Isso mesmo, ele pediu que *o Espírito* comparecesse em juízo para depor. A imprensa acompanhou de perto o que virou um "circo".

O juiz saiu-se bem na decisão: não ultrapassou limites das normas jurídicas e manteve-se neutro em termos de espiritualidade. Simplesmente considerou inepta a ação, alegando a falta de direitos civis *após* a morte de uma pessoa. Se não havia direitos civis após a morte de Campos, os herdeiros nada tinham a reclamar.

A polêmica, no entanto, continuou inflamada. Os herdeiros recorreram da decisão, disparando contra a "baixa qualidade" dos textos publicados em nome de Humberto de Campos – segundo eles, já uma prova de falsidade da autoria. A defesa, em contrapartida, apelou para um texto inédito de Campos, *psicografado*, no qual *ele próprio* criticava os herdeiros pela briga. Mais uma vez, a ação foi infrutífera.

Em meio a esse caos, uma pessoa da família ergueu a voz a favor de Chico Xavier e da FEB: a mãe de Humberto de Campos. Ela identificava muitas semelhanças entre os textos do filho e aqueles publicados pela FEB. Em entrevistas, disse que um homem de fraca formação cultural, como Chico Xavier, não conseguiria produzir sozinho aqueles textos de alto nível.

Sem solução por meio da Justiça, o caso terminou em mágoas e frustrações por parte de alguns familiares de Campos. Chico mostrou-se sereno o tempo todo, mas acredito que algumas vezes tenha ficado meio aturdido.

Diferentemente do que muitos esperavam, o conflito não esfriou a relação entre Chico e [o Espírito de] Campos. A atuação de

Campos na psicografia voltou, e intensamente. No entanto, para abrandar a polêmica, o Espírito passou a assinar como *Irmão X*. Era uma referência a um pseudônimo usado por ele em vida corpórea: Conselheiro xx.

Humberto de Campos Filho, filho do escritor, era menino naquela época. No início dos anos 1990, eu o entrevistei sobre o assunto. Ele disse que o verdadeiro alvo da ação da família era a FEB, e não Chico, pessoa que os Campos respeitavam muito. Além disso, declarou que a maior motivação dos herdeiros fora o amplo uso comercial que a FEB fazia das obras. "A família não teria pensado em nenhuma ação judicial se as obras fossem impressas em papel de imprensa, com o intuito de divulgar a doutrina", ele disse. "Mas elas eram vendidas em brochuras, encadernadas, ou até em coleção completa com uma estante de cerejeira." Quanto à atuação do advogado, comentou: "Ele não queria ganhar a causa. Queria ganhar notoriedade."

Um abraço de perdão e amizade

Em 1991, fui convidado a ser mestre de cerimônia no evento de inauguração das novas dependências do centro União, no Jabaquara, em São Paulo. Aceitei com muito prazer.

Eu mantinha contato com Humberto de Campos Filho com certa frequência. Além de sermos colegas de profissão, por um período ele morou muito perto de mim, em São Paulo. Em uma conversa com ele, comentei a minha participação no futuro evento do centro. Foi quando tive uma ideia. "Humberto, o Chico vai presidir a sessão", eu disse. "Puxa vida, seria tão emocionante se você estivesse lá! Já pensou? Você conversar com ele, representando a família!"

Humberto ficou reticente. Já havia encontrado Chico, reservadamente, muitos anos antes. Mais nada. Como seria um encontro público? Ele temia ressentimento dos espíritas em consideração ao que a família Campos fizera na década de 1940. "Eu gostaria muito, mas preciso pensar", disse.

Alguns dias depois, ele voltou a falar comigo. Confirmou a presença na inauguração, dizendo que devia um abraço a Chico e que já passava da hora de apagar as faíscas remanescentes dos anos 1940.

Na noite do evento, entrei com Humberto reservadamente. Não o apresentei a ninguém. Ele ficou discreto, observando, enquanto eu aguardava o momento adequado para o encontro.

Quando percebi uma oportunidade, anunciei, para a surpresa de todos, que Humberto de Campos Filho estava ali para abraçar e cumprimentar Chico Xavier, em nome da família. "Este é um momento histórico", eu disse, emocionado.

O encontro entre Humberto de Campos Filho e Chico Xavier.

Chico não sabia de nada. Humberto, é claro, sabia do encontro, mas não imaginava que seria ali, naquele momento. Talvez esperasse algo depois da cerimônia, em uma conversa informal. Ele andou depressa até Chico, e o abraço foi carregado de carinho. "Chico!", exclamou. Nisso, a emoção tomou conta do público, que aplaudiu intensamente.

Depois do evento, nos bastidores, bem à vontade, Chico disse a Humberto:

"Ah, que coisa boa a gente poder se ver, se abraçar. Foi Jesus quem proporcionou esse encontro. Que bom não existir rancor. Eu nunca tive nenhuma dúvida, nenhum problema com a sua família."

E convidou-o a visitá-lo em Uberaba. Humberto queria mesmo ir, mas compromissos da vida atrasaram a viagem, e ele infelizmente faleceu antes de concretizar a ideia.

Mais tarde, ao levar Humberto para casa, ouvi dele o seguinte: "Puxa vida, Magrão, sonhei tanto com esse momento. Tinha que ser um amigo como você para proporcionar isso. Nunca pensei que um dia teria essa oportunidade em um ambiente tão fraterno. Olha, foi uma das noites mais felizes da minha vida."

Certamente, foi também uma das noites mais felizes da vida do Nosso Chico, cujo espírito era de paz, amor e *perdão*.

CAPÍTULO **11**

O desprendimento de Chico

A HISTÓRIA DA RELIGIÃO SEMPRE ESTEVE ASSOCIADA A LUcro, ganância. Ainda hoje, o ser humano não absorveu muito bem o verdadeiro aspecto da religiosidade, e por isso multiplicam-se os casos de exploração da fé. Chico Xavier foi um dos raríssimos homens de conduta impecável nesse aspecto – um grande exemplo que deveria ser seguido por todos os líderes que atuam na divulgação do nome de Deus.

> Chico era endeusado (podemos dizer assim) por milhões de pessoas, mas comportava-se como um dos homens mais humildes de todos os tempos, sem nenhum deslize.

Se alguém se ajoelhasse diante dele, ele se ajoelhava para a pessoa, colocando-se no mesmo nível. Beijava a mão de quem fazia questão de beijar a dele. Vendeu tantos livros que pode ser citado como um dos maiores *best-sellers* do Brasil. Com isso, teve condições de ser milionário... Mas não usufruiu nem um centavo dos direitos autorais. Sabemos que ele viveu em extrema humildade, em todos os sentidos. Morava em uma casa simples, mas poderia ter habitado um castelo, uma ilha paradisíaca. Na verdade, Chico ergueu um castelo de solidez com o seu trabalho sério e honesto; a ilha era ele mesmo, sempre cercado de amigos por todos os lados.

Ao longo de décadas de atuação no movimento espírita, Chico foi agraciado com inúmeros, incontáveis presentes, dos mais simples aos mais luxuosos. Doces, roupas, joias, relógios etc. No máximo, ficava com um doce. Uma roupa podia ser entregue a uma pessoa necessitada; um relógio podia ser vendido para ajudar uma obra de caridade. Um dia, Chico recebeu a visita de uns portugueses. Queriam doar a ele um imóvel em... Portugal. Sim, na Europa. Chico agradeceu muito, mas imediatamente recusou: "Vendam o imóvel e usem o dinheiro para obras assistenciais lá na sua cidade. Ajudem portugueses necessitados."

Quem conviveu com Chico sabe que isso era comum. Eu mesmo vi cenas assim muitas vezes. Mas os relatos costumam ser orais e mostram presentes menores dos quais ele podia se desfazer fácil e rapidamente, recusando a posse ou o lucro da venda.

> Um caso, no entanto, foi marcante
> de modo muito especial: além de
> envolver milhões em dinheiro,
> encontra-se todo documentado
> para provar a honestidade e
> o desprendimento de Chico. E
> envolve uma das mais conhecidas
> e poderosas famílias do Brasil.

É a história que apresento como novidade neste capítulo, depois de investigar e apurar algumas informações.

Uma polêmica doação

A ilustre família Caiado é conhecida em todo o país. Destaca-se na agropecuária, na política e na medicina, especialmente no estado de Goiás e no Distrito Federal.

Tocada pela obra de Chico Xavier, a sra. Consuelo Caiado, uma das matriarcas da família, aproximou-se dele. Sentiu-se emocionada especialmente depois de ler as obras de Chico em parceria com Emmanuel. Tempos depois, querendo algo mais profundo financeiramente para ajudar os trabalhos do médium, ela não poupou recursos: decidiu *doar-lhe cem alqueires de uma gigantesca fazenda* em Goiás Velho, Goiás. Isso foi em 1975, mas você pode imaginar o valor milionário da terra. A doação foi *livre*, realmente de bom coração, sem nenhuma exigência ou imposição a Chico.

Sra. Consuelo Caiado.

Se Chico não se sentia à vontade ao receber de presente uma blusa, imagine cem alqueires de uma área valorizada. Ele compreendia a ótima intenção da sra. Caiado, mas via a doação como um pesadelo (conte nos dedos quantos líderes religiosos agiriam assim hoje).

"Não, muito obrigado."

Chico estava decidido a não receber a oferta. Amigos do movimento espírita pensavam diferente. Nada contra isso, aliás. Eles argumentavam com Chico que a terra era uma incrível oportunidade em benefício da causa espírita. No local, poderiam ter uma ampla obra de caridade. Sem uma doação daquelas, quando eles conseguiriam algo semelhante para empreender pela grande causa?

Chico ouviu os argumentos repetidas vezes. Então, muito contrariado, aceitou a doação. O ato seria concretizado dias depois, após assinatura em um cartório de Goiás.

Creio que os companheiros de Chico já pensavam em como a sua mente raciocinava sobre o que fazer com tudo aquilo. Quais obras, exatamente, seriam praticadas ali? Quem cuidaria delas? Quantas pessoas estariam envolvidas? Mas o raciocínio de Chico não passava nem perto disso.

Decisão surpreendente (ou não?)

Tão surpreendente quanto receber uma riquíssima doação foi o que Chico fez em seguida.

Em uma conversa reservada com a sra. Caiado, ele comunicou que desejava providenciar uma escritura logo depois de receber oficialmente a doação. Uma escritura de... *doação*.

Doação? Se ele ia assinar uma doação como beneficiário, por que faria em seguida uma escritura de doação?

Chico não ia ficar com nada, mesmo que indiretamente.

Ele "apelou para o coração humanitário" (como disse em uma carta que você poderá ver a seguir) da sra. Caiado, "rogando-lhe permissão para renunciar ao valioso patrimônio". Ela deve ter se espantado, mas compreendido Chico logo em seguida. E estou certo de que passou a admirá-lo ainda mais.

Chico não quis fazer disso uma surpresa de última hora para os amigos da Comunhão Espírita Cristã. Dias antes das assinaturas em cartório, escreveu uma carta a eles, informando a sua decisão e a conversa com a sra. Caiado. Esclareceu: metade da terra ele doaria à própria Comunhão Espírita Cristã, para a promoção de obras assistenciais; a outra metade voltaria à sra. Caiado, com o pedido de que os benefícios da terra se transformassem em apoio assistencial a pessoas carentes. Juntamente com quatro amigos do movimento espírita, nomeados por ele na carta, a sra. Caiado formaria uma comissão incumbida de vender os cinquenta alqueires que lhe cabiam e usar o dinheiro para erguer, no município, o que ele chamou de *Lar Fraternidade*, destinado a ajudar pessoas carentes. (Na carta ele não foi específico, mas a sua intenção era erguer um lar para *crianças* carentes.) Chico não teria nenhum vínculo com essa comissão.

Essa não era a única surpresa que a carta guardava. Nela, Chico também pedia o seu *desligamento* da Comunhão Espírita Cristã. Aceitar a doação, mesmo sem uso próprio, fora contra os princípios em que acreditava profundamente. Tinha consciência das boas intenções da sra. Caiado e das pessoas da Comunhão, mas não sabia conviver com a ideia de receber uma rica oferta. Ao justificar-se, teve a gentileza de não citar a doação como causa; referiu-se à falta de tempo e aos problemas de saúde.

Dias depois, Chico viajou com alguns amigos até Goiás Velho, onde encontrou a sra. Caiado e os advogados com os papéis para assinaturas da doação em cartório. A vontade de Chico era voltar a Uberaba antes de segurar a caneta, mas ele assinou os documentos para receber a oferta.

Ato concretizado. Chico era, oficialmente, proprietário de cem alqueires. Na verdade, recebera a terra da Companhia Colonizadora Pastoril Agrícola Reformista, da qual a sra. Caiado era sócia cotista.

A situação durou poucos minutos. Fiel à sua palavra, Chico providenciou imediatamente a doação de metade à Comunhão Espírita Cristã.

À primeira vista, não parece lógico que Chico recebesse a doação para em seguida desfazer-se dela. Por que não combinar com a sra. Caiado uma transferência direta a beneficiários apontados por ele? Acredito que o desejo de Chico fosse manter tudo detalhadamente *registrado*, envolvendo *documentos públicos*, para deixar clara a lisura do seu comportamento diante de toda a história. Chico procurava pensar antes de agir, por isso agia com sabedoria.

Assim, a Comunhão Espírita Cristã saiu dali como proprietária de cinquenta alqueires. Eles ainda fariam planos para a terra – que ficaria parada por um tempo, pois era necessário dinheiro para investimentos. A outra metade continuou, por conveniência, em nome de Chico, porque não havia ainda a quem transferir. Vale lembrar que o dinheiro proveniente da futura venda dessa área seria administrado por aquela comissão nomeada na carta, e não por Chico.

O título desta seção do capítulo é "Decisão surpreendente". Acrescentei aqueles parênteses ("ou não?") porque, no fundo, todas essas decisões, vindas de Chico, não causam nenhuma surpresa. O que um crítico de Chico Xavier teria a dizer sobre esse caso?

Mais tarde, em Uberaba, sem o peso da doação nos ombros, Chico fundou um novo centro: Casa da Prece, que existe até hoje.

Uberaba, 19 de Maio de 1975

Srs. Diretores da Comunhão Espírita Cristã
- Comunhão Espírita Cristã - Uberaba - Minas
Cidade

Prezados amigos:

Deus nos abençoe.

Agradecendo a generosidade que sempre me dispensastes, venho comunicar-vos o meu desligamento das tarefas dessa benemérita instituição, a partir desta data.

Em vista da minha impossibilidade de continuar cooperando, nas atividades da C.E.C., constrangido como me sinto a prosseguir, em círculo de trabalho, tão estreitamente reduzido, quanto possível, em minhas singelas atividades de contatos públicos, formação de livros, recepção de mensagens mediúnicas e divulgação dos nossos princípios espíritas-cristãos, a que me dedico pessoalmente, desde 1927, e, conquanto não seja diretor de qualquer dos departamentos de serviço da nossa organização, em cujas tarefas tenho tido a honra de colaborar, na condição de servidor pequenino, desde a sua fundação, rogo a gentileza de me dispensardes das responsabilidades de nossa benemérita casa de trabalho, em que, unicamente por vossa bondade, me considerais incurso.

Com o meu profundo respeito e sincera gratidão à vossa digna orientação e valioso apoio de sempre, esclareço-vos que o meu desligamento da C.E.C. se fundamenta nas seguintes razões:

1) inevitável desgaste, orgânico aos 65 janeiros de idade física, completados no mês de Abril findo, com 48, de atividades mediúnicas sem pausa, isto é, de 1927 até agora;

2) processo de hipotensão com características inquietantes, surgido em 1973, dificilmente sustado por tratamento constante, mas não extinto;

3) dificuldades crescentes na visão, por motivo de moléstia irreversível no olho esquerdo, desde 1931;

4) ausências semanais para tratamento de saúde;

5) reconhecida incapacidade orgânica, impossibilitando-me trabalhar em regime de compromissos institucionais, embora deva, de minha parte, continuar abraçando os serviços escassos de que possa me incumbir, no âmbito de minhas estreitas possibilidades pessoais, incluindo as viagens frequentes, em que por força de circunstancias, sou constrangido a variadas tarefas doutrinarias.

Informo-vos que se é do desejo da C.E.C. prosseguir recebendo êsse ou aquele livro dos nossos Benfeitores Espirituais, para lançamentos editoriais da instituição, continuarei, de boa vontade, a cooperar na cessão dos direitos que me possam caber, na publicação desse ou daquele volume, compreendendo-se, porém, que a doação desses trabalhos procede dos Autores Espirituais que os produzem e que até hoje os distribuem, conforme o critério deles próprios, com as várias Editoras Espí

Carta de Chico para a Comunhão Espírita Cristã.

ritas do País, sem qualquer ônus para nenhuma delas.

  Com referencia ao cem alqueires de terra que foram doados a este vosso irmão e servidor pela digna Senhorita D. Consuelo Caiado na região vizinha da cidade de Goiás, capital primogênita do Estado de Goiás, doação essa realizada pela distinta doadora, de forma incondicional, conforme documentos em minhas mãos, a mim entregues pelo estimado amigo Dr. José Henrique da Veiga Jardim, digno advogado da doadora, residente em Goiânia, informo-vos que procurei pessoalmente D. Consuelo Caiado, na cidade de Goiás, onde reside, e, depois de manifestar-lhe o meu respeitoso reconhecimento pela generosa doação aqui referida, apelei para o seu coração humanitário, rogando-lhe a devida permissão para renunciar ao valioso patrimônio, em beneficio das obras assistenciais da Doutrina Espírita, explicando-lhe que cinquenta alqueires serão entregues à Comunhão Espírita Cristã, sob a vossa direção, e os demais cinquenta alqueires serão entregues à determinada comissão, contituida pela própria doadora e por mais quatro amigos, ligados à ela e à Doutrina Espírita em Goiás, a fim de que, do produto da venda dos aludidos cinquenta alqueires, em momento oportuno, possa se erguer na cidade de Goiás, o " Lar Fraternidade", dedicado aos serviços de assistencia aos nossos irmãos necessitados, segundo disposições do Estatuto da referida entidade, em elaboração.

  Essa comissão que se incumbirá de receber os mencionados cinquenta alqueires para a devida aplicação na obra referida, em princípio, conforme entendimento mantido por mim com a doadora, em nosso encontro na cidade de Goiás, estará assim constituida:

    D. Consuelo Caiado, residente na cidade de Goiás.
    Dr. Ubirajara Ramos Caiado, residente à rua 23 A, nº 36, -Centro- Goiânia, Estado de Goiás.
    Dr. Jose Henrique da Veiga Jardim, residente à rua 24, nº 15, - Centro- Goiânia, Estado de Goiás.
    D. Lélia Nogueira, residente à rua 6, nº 85, 4ª Andar, Apartº nº 402, Setor Oeste, Goiânia , Estado de Goiás.
    Sr. Octhugamys Gomes dos Santos Bailão, residente à rua Cel. Luiz Guedes d Amorim, nº 5, na cidade da Goiás, Estado de Goiás.

  Fica assim esclarecido perante a vossa autoridade que cinquenta alqueires das referidas terras, tão logo seja este vosso servidor climando a recebê-las oficialmente, serão imediatamente entregues à Comunhão Espírita Cristã, com a finalidade de serem aplicadas nas obras de assistencia, mantidas pela C.E.C. sob a vossa digna orientação, reservando-se os demais cinquenta alqueires para a fundação do "Lar Fraternidade", na cidade de Goiás, permanecendo a Comunhão Espírita Cristã e o Lar Fraternidade, representados respectivamente pela Diretoria da C.E.C. e pela Comissão Organizadora a que me referi com a obrigação de pagarem os respectivos impostos e outras des

pesas alusivos à transmissão da posse efetuada em meu nome para
o nome de ambas as entidades a que nos referimos.

    Comunico-vos, ainda, que para definir com clareza a atitu-
de deste vosso irmão e servidor, com respeito à entrega da doação
de terras que me foi feita,pela Exma. Senhorita D.Consuelo Caiado,
no Estado de Goiás, atitude essa na qual apenas cumpro o meu dever,
e assunto êsse ao qual me refiro unicamente para destacar a gene
rosidade da digna doadora que homenageou as nossas idéias e tarefas espíritas-cristãs, entregando-me um patrimônio que, por minha
vez, devo igualmente entregar aos serviços de benemerência da
nossa Causa Espírita com a bênção de Jesus, enviarei cópias
do presente ofício à digna União Espírita Mineira, em Belo Horizonte, e á digna Aliança Municipal Espírita de Uberaba, nesta cidade, tanto quanto aos estimados amigos do Estado de Goiás, que
espero sejam os componentes da organização do Lar Fraternidade , em
comissão a formar-se, bem como a outras instituições e amigos
da comunidade espírita em geral, unicamente em atenção às respons
bilidades nas quais estamos todos investidos.

    Terminando, formulo votos para que a Comunhão Espírita
Cristã continue no mesmo abençoado caminho de realizações doutri-
nárias, com a vossa digna orientação, de corações unidos em Cris
to, para maior engrandecimento de nossos ideais com Allan Kardec,
e comunicando-vos que continuarei com a minha residencia pessoal,
nesta Cidade, onde espero, se Jesus permitir, continuar com as
minhas singelas atividades mediúnicas, em círculo de ação mais
reduzida, conforme a posição de saúde em que me encontro, e onde
espero, com a ajuda de Deus, continuar recebendo o estimulo de
vosso amparo e benevolencia para com o modesto trabalho que
ainda tenha de efetuar, na divulgação de nossa Doutrina de Luz
e Amor, em Uberaba, prevaleço-me do ensejo para reafirmar-vos,como
sempre, o meu profundo apreço e profunda gratidão.

        Vosso irmão e servidor reconhecido

Francisco Cândido Xavier
Francisco Cândido Xavier

Destinos das terras

Em nenhum momento Chico teve intenção de usufruir as terras. Isso ficou claro. Creio, no entanto, que ele *imaginou* o destino delas.

O fato é que as duas partes tiveram destinos inesperados. Curiosamente, no final, elas foram levadas a um destino comum.

Os cinquenta alqueires que ainda estavam em nome de Chico, à espera da venda para o emprego do dinheiro no idealizado Lar Fraternidade, ganharam destino pouco tempo depois. A comissão incumbida de cuidar do negócio decidiu *doar* a terra ao Lar São José, em Goiás Velho – cidade emancipada que passara a abrigar aquele trecho de terra. O interessante é que *o Lar São José pertencia à Igreja católica*.

A área poderia ser utilizada, mas permaneceu improdutiva. Em consequência dos altos custos cartorários, a oficialização da doação só aconteceu em 1982. Chico foi convocado para assinar a escritura, e, como era de se esperar, imediatamente prontificou-se a agir. Imagino que surpreso, de alguma forma, com o fim da terra, mas não aborrecido. Afinal, a terra ainda teria como finalidade a *caridade*. Não importava, para ele, que fosse por mãos católicas. Chico nunca se importou com isso. Nunca foi, de maneira nenhuma, contra outras religiões, nem considerava o espiritismo acima de nada. Valia para ele, em profundidade, o grande princípio divulgado pelo *O Evangelho segundo o espiritismo*: "fora *da caridade* não há salvação".

Dessa vez, Chico não compareceu pessoalmente ao cartório – seria uma longa viagem até Goiás. Por praticidade, enviou uma procuração a dom Tomás Balduíno, bispo de Goiás e mentor do Lar São José. Então, no cartório, o bispo transferiu os cinquenta alqueires ao Lar, que, no ato, foi representado por sua diretora, irmã Maria Revy Velozo de Andrade.

> Note a bondade e a genialidade de
> Chico. A mesma Igreja católica
> que tanto combateu o espiritismo
> — com campanhas contra Chico,
> inclusive — recebeu valiosíssimos
> cinquenta alqueires para uma
> das suas obras de caridade... E
> a transação envolveu um bispo.

Aliás, o bispo, agradecido, não deixou passar em branco uma atitude louvável dessas. Antes mesmo da escritura, escreveu uma carta a Chico. Ele próprio estava abismado e encantado com a atitude do nosso amigo, que aceitara fazer a doação "apesar de ela se destinar a uma entidade sob responsabilidade de católicos e de um bispo católico". E o bispo acrescentou: "É sinal de seu elevado espírito ecumênico, o que muito me alegra, pois me esforço por seguir esse mesmo caminho." *Um bispo da Igreja católica aprendendo com Chico Xavier.* Incrível como as atitudes do nosso amigo podiam transformar-se em belas lições de moral e de evolução espiritual!

O meu instinto de repórter investigativo não me permitiu citar, apenas, trechos da carta do bispo. Saí à procura de documentos e encontrei a carta original:

DOM TOMÁS BALDUINO
C.P. 5 - Tel. 241
CEP 76.600 Goiás (Go) Brasil

Goiás, 21.04.82

Ilmo Snr.
Francisco Cândido Xavier
Caixa Postal 56
38.100 Uberaba - MG.

Prezado Amigo

Estou em dívida e em atraso com o Snr. para lhe agradecer a generosa oferta que, por intermédio do nosso Amigo Dr. José Veiga, fez ao nosso Lar São José, de uma área de 50 alqueires dos bens deixados por Consuelo ' Caiado.

Seu donativo será beneficiado pelo mundo ou melhor sub-mundo dos' menores da periferia desta Goiás, os filhos de lavradores despejados de ' suas terras e que vieram inchar a redondeza de nossa cidade. Eu acredito ' neste instrumento promocional, o Lar São José, que atende atualmente a estes menores numa forma bem moderna que foge a todo confinamento e coerção.E busca juntamente com eles os autênticos caminhos de libertação que ainda ' lhes restam.

Receba, pois, Caro Amigo, meu sincero agradecimento por esta oferta feita sem hesitação, apesar de se destinar a uma entidade sob responsabilidade de católicos e de um bispo católico. É sinal de seu elevado espírito ecumênico, o que muito me alegra, pois me esforço por seguir este mesmo caminho.

Nesta oportunidade saúdo-o com profunda estima e votos de boa ' saúde e feliz ministério a serviço dos seus co-irmãos.

Atenciosamente

Dom Tomás Balduino, O.P.
Bispo de Goiás.

244

Então, a história mais uma vez seguiu um rumo imprevisto, e diretamente ligado à Comunhão Espírita Cristã.

Os cinquenta alqueires em posse da Comunhão mantinham-se à espera de um fim. O seu destino só foi decidido no final dos anos 1980. Apurei que, em 1987, a Comunhão foi contatada pelo bispo dom Tomás Balduíno. Foi informada de que as terras enfrentavam problemas com posseiros. Para desvencilhar-se da crise, a Comunhão pensou em doar a sua parte ao arcebispado, com todos os direitos e obrigações, após consulta ao Conselho Deliberativo. Lá em Goiás eles poderiam cuidar melhor do caso.

Em 1989, a decisão final foi tomada pela Comunhão. Ela recebeu uma carta precatória da comarca de Goiás, expedida por solicitação do Lar São José. A carta informava que o Lar requeria em juízo, por ação reivindicatória, o desalojamento de dois posseiros das terras. No final, pedia que a Comunhão se juntasse ao Lar na ação judicial.

Discutido o caso pelo Conselho Deliberativo da Comunhão, decidiu-se que os cinquenta alqueires na sua posse seriam, de fato, transferidos ao Lar São José. Sim, *doados*. A Comunhão alegou que não se justificava envolver-se em uma ação desse nível na Justiça – até porque isso não os deixava à vontade em termos de princípios cristãos e lições deixadas por Chico Xavier. Em ata, o Conselho registrou: "[...] a Comunhão Espírita Cristã, de Uberaba, por uma questão de princípios e coerência doutrinária, não deseja possuir propriedades materiais além daquelas necessárias ao desempenho de suas atividades assistenciais e religiosas, não querendo, ainda, em definitivo, assumir a posição de desalojar ou desapossar quem quer que seja de terras já doadas, posição cabível por princípio e por direito ao Lar São José [...]"

Com isso, o católico Lar São José avançou para a posse da *totalidade* dos cem alqueires doados a Chico em 1975.

O Lar promove louváveis obras assistenciais e educacionais, mas as suas atividades, diferentemente do que se esperava, não atingiram aquela terra. Após a doação final, a história tomou, mais uma vez, um caminho inesperado.

A doação ao Lar só foi concretizada em cartório em março de 1993 (em transferências de imóveis, é comum haver grande atraso no arranjo da documentação oficial, em função das altas taxas e impostos). No mês seguinte, abril, toda a terra foi transferida a um particular, um advogado. Poucas semanas depois, em junho, ele transferiu a terra a outro particular, um fazendeiro. Em agosto de 2002, após a morte do último adquirente, houve uma outra transferência de propriedade, a um pecuarista, depois de um processo de espólio. No mesmo dia, o novo proprietário transferiu a terra a dois comerciantes.

Por que a Comunhão Espírita Cristã não aproveitou a área?

O atual presidente da Comunhão, Antônio Borges da Silva, nos conta que, em 1978, quando chegou à instituição, tomou conhecimento da doação inicial a Chico, feita três anos antes, e do acordo para a doação de Chico ao Lar São José. Juntamente com um outro diretor da entidade, ele foi até o local para conhecer o pedaço de terra pertencente à Comunhão e estudar possíveis saídas. Conversaram com um topógrafo que havia feito a divisão da fazenda dos Caiados.

O que encontraram não agradou à primeira vista. Segundo o sr. Silva, a terra era inócua para plantio e para criação de gado. Como não havia comprador interessado, decidiu-se dar um tempo ao caso até que aparecesse algo viável para o negócio. A história, então, salta para o que já vimos neste capítulo: o contato do Lar São José, anos depois, a respeito dos invasores, e a posterior doação ao Lar. O sr. Silva até gostou de falar sobre o assunto, pois entende que a divulgação da história mostra a lisura da Comunhão nesse caso, com a doação e o definitivo afastamento da história.

Qual foi o desfecho da história da invasão? Houve, realmente, ação judicial contra os invasores? Ou algum acordo evitou isso? Por que o Lar São José logo transferiu a terra?

O meu passo seguinte foi um contato com o bispo dom Tomás Balduíno, que também logo aceitou falar comigo, atenciosamente. Ele apresentou novidades sobre o caso.

Segundo o bispo, não há notícias de posseiros na época em que o Lar recebeu a doação. O que houve foi invasão e desmatamento promovidos por um latifundiário. Informado de que o Lar enviaria um agrimensor para determinar a área exata que cabia à instituição, o latifundiário antecipou-se ao ato colocando pistoleiros na área, para embargar a medição. Em companhia de um advogado, o bispo foi até ele pedir esclarecimentos sobre aquele ato estranho. O latifundiário negou que tivesse mandado pistoleiros. Diante de tal conflito, a direção do Lar São José optou pela transferência da terra toda a terceiros.

Apesar da análise desfavorável da terra anos antes – vista como imprópria para produção – e da invasão, ela passou de mão em mão rapidamente. E os sonhos de Chico não chegaram nem perto da concretização. Hoje, a terra, em posse de pessoas que nada têm que ver com a história, destina-se a criação de gado nelore.

Visita a Goiás

O meu espírito de repórter investigativo não se contenta com um ponto final em uma história; sempre acho que posso ir além. Assim, depois de tudo o que relatei aqui, decidi visitar a equipe do Lar São José em Goiás, onde fui recebido calorosamente. Era fevereiro de 2012.

Encontros, almoço, conversas sobre este livro, assuntos descontraídos. Foi um dia prazeroso e produtivo, e não parou aí. Recebi do Lar um comunicado que me arrepiou: eles decidiram criar, lá mesmo, o *Lar Fraternidade*, como Chico havia sonhado.

Em março, recebi deles um documento que descrevia o histórico da instituição e determinava a criação do Lar Fraternidade. Foi assinado pela irmã Eliene Nobre Damasceno, diretora da Fundação Lar São José, e pelo bispo de Goiás, dom Eugène Lambert Adrian Rixen, presidente da fundação.

A equipe do Lar São José, disposta a concretizar quanto antes a ideia, logo enviou o estatuto e a composição da primeira diretoria do Lar Fraternidade. O documento estabelecia nomes para os cargos de presidente, vice-presidente, secretários, tesoureiros, procurador, bibliotecário, assessor jurídico e conselho fiscal. De imediato, um detalhe chamou a atenção: dos quinze nomes apontados, apenas quatro eram católicos; os outros eram espíritas (o cargo de presidente, inclusive).

A cidade de Goiás tem um admirável histórico no que se refere ao espiritismo e ao diálogo inter-religioso. Em 1886, apenas vinte e nove anos após a publicação de *O livro dos Espíritos*, um grupo de senhoras já se reunia por lá para praticar sessões espíritas (grande pioneirismo em uma época de escassos meios de comunicação e em um local interiorano). A primeira sessão foi orientada pelo frei dominicano Raimundo Mamoré.

Quase quarenta anos depois, começou a realização de um sonho de Chico Xavier: um lar assistencial para crianças. E o melhor: em um espírito de diálogo inter-religioso, como ele gostava. Chico era sábio ao dizer: "Sonhos não morrem, apenas adormecem na alma da gente."

Modéstia à parte, sinto-me feliz por ter influenciado essa decisão, após os meus contatos com eles, fazendo-os *reviver o espírito de Chico Xavier*. E ouso dizer que houve na equipe do Lar uma inspiração de Chico para que a ideia se concretizasse.

. * . * .

CAPÍTULO **12**

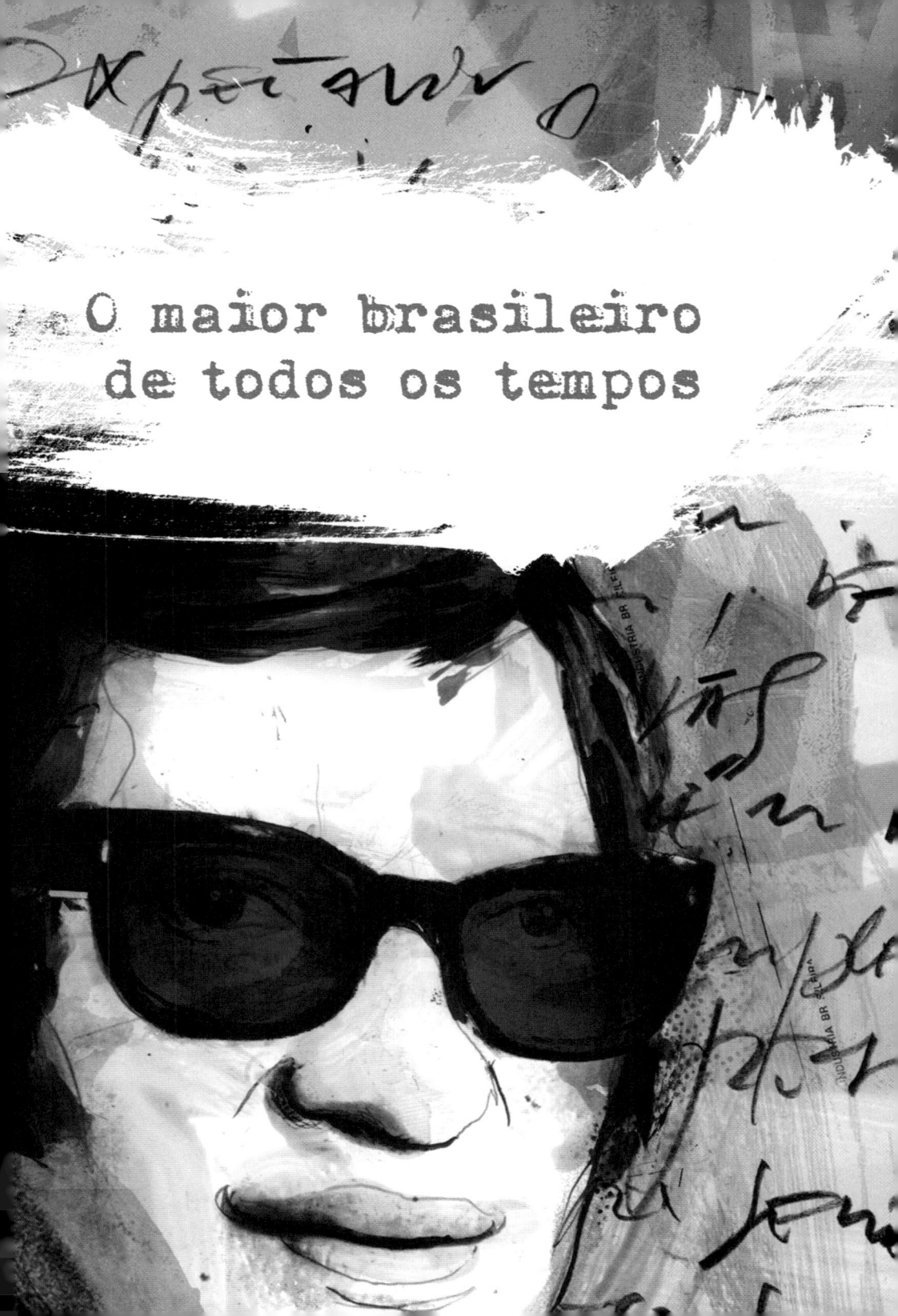

O maior brasileiro
de todos os tempos

A MINHA PARCERIA COM O NOSSO CHICO NÃO TERMINOU EM 2002, quando ele nos deixou fisicamente. O legado de Chico é rico e profundo o bastante para ecoar Brasil e mundo afora, incessantemente.

Sobre ele, publico livros e artigos, faço palestras, atuo em campanhas, participo de programas de televisão e de rádio, dou entrevistas, viajo a todos os cantos do Brasil. Isso ainda é pouco diante do que merece o nosso amigo tão querido. É claro que, se ele pudesse falar comigo agora, diria que não merece nada disso. Mas é justamente por isso que ele merece.

Em 2012, para a minha surpresa, surgiu uma oportunidade de coroar a grandiosidade do caráter e da alma de Chico. Foi tão fantástico que às vezes parece mentira que aconteceu.

Um convite especial

Essa fantástica história começa em 21 de junho de 2012. Eu estava no meu apartamento, em Ribeirão Preto, quando recebi um *e-mail* de uma produtora executiva do SBT. Ela dizia que estava em produção na emissora o programa *O maior brasileiro de todos os tempos*, adaptado de um formato do canal de TV inglês BBC. O programa já era um sucesso em outros países, cada um elegendo o seu "maior" cidadão. Na França, por exemplo, já havia eleito Charles De Gaulle como o maior francês de todos os tempos; na Inglaterra, Winston Churchill; na Itália, Leonardo da Vinci; na Grécia, Alexandre, o Grande; na África do Sul, Nelson Mandela.

O público havia sugerido cem nomes para a eleição do maior brasileiro de todos os tempos. Os doze mais votados apareceriam em duplas – definidas por sorteio – no programa, às quartas-feiras à noite. O público votaria para escolher um de cada dupla. O programa seguiria até haver apenas três candidatos, e daí sairia o vencedor.

Seria exibida um pouco da história de cada um dos doze finalistas. Personalidades de todos os meios apareceriam para defender o voto a cada um deles. O papel mais importante estaria com os *embaixadores*. Cada finalista teria um *embaixador* no palco do programa, exaltando ao vivo as qualidades do seu representado: legado, caráter, liderança, coragem e compaixão.

A produção do programa tinha que se antecipar para organizar tudo. Quando entraram em contato comigo, já sabiam os nomes dos doze mais votados pelo público, mas, por motivos óbvios, isso era sigiloso. Aquele *e-mail* antecipava que Chico Xavier era um dos doze, por isso era necessário um embaixador para ele. Eis o motivo do *e-mail*: um convite para que eu assumisse o papel.

Quando recebi o convite para ser o embaixador de Chico Xavier, ponderei que havia pessoas mais qualificadas para participar daquele evento. A direção do programa argumentou que a maior parte do material que usariam para ilustrar a história de Chico pertencia ao meu acervo, principalmente os dois programas *Pinga-fogo* produzidos pela TV *Tupi* em 1971; também disseram não querer ninguém que representasse a religião, pois Chico seria escolhido como cidadão comum, e não como espírita.

Achei, então, que seria uma oportunidade de divulgar ao Brasil e ao mundo um pouco da história de Chico Xavier, o homem que dedicou toda a sua vida à prática do bem. Senti-me muito honrado com o convite para ser embaixador e atuar como defensor do nome de Chico e, consequentemente, da doutrina espírita. Uma honra! E também muita responsabilidade.

O programa

O programa começou com polêmicas. Natural. Entre os cem nomes mais votados para a disputa, certamente haveria críticas do público.

Nas primeiras quartas-feiras, o jornalista Carlos Nascimento – um grande nome usado pelo SBT para dar maior credibilidade ao programa – apresentou brevemente os últimos oitenta e oito entre os cem mais votados. Os programas foram gravados sem a participação do auditório, sem embaixadores e sem votação dos telespectadores.

Em primeiro de agosto de 2012, chegou, enfim, a quarta-feira com a primeira grande disputa entre dois dos doze finalistas. Justamente nessa primeira vez, Chico Xavier era um dos nomes. Como eu já disse, as duplas foram montadas por sorteio. Curiosamente, o "duelo" de Chico foi com uma personalidade *católica*: a louvável irmã Dulce.

Pela primeira vez, o programa foi ao vivo, com auditórios de torcidas para os candidatos, votos dos telespectadores (por SMS e pela internet) e dois embaixadores: eu e o padre Antônio Maria, embaixador da irmã Dulce. O padre Antônio Maria é compositor, parceiro de Roberto Carlos e figura carismática.

Eu estava tenso ao chegar a São Paulo. Representar Chico Xavier no programa me deu uma alegria indescritível, mas também me fez sentir um grande peso de responsabilidade nos ombros.

Quando entrei no *SBT*, a ansiedade aumentou. Para valorizar o dinamismo e a autenticidade do programa, a direção decidiu não fazer nenhum tipo de ensaio. Em poucas horas, eu estaria no palco com Nascimento, diante de câmeras, e *ao vivo* para todo o Brasil, sem uma boa noção do que aconteceria. Era uma situação de fazer transpirar até um profissional experiente de TV, como eu.

O programa começou. Uma foto enorme de Chico apareceu no estúdio. Respirei fundo e procurei tranquilizar-me um pouco, pois sabia que o Nosso Chico estava ali conosco – eu podia *sentir*.

Argumentei em favor dele. Apresentei documentos que, por falta de tempo, não pude exibir em detalhes para as câmeras; mas anunciei que os deixaria à disposição para consultas no *SBT*.

No final, o resultado da votação do público. Nascimento recebeu um envelope com o nome do vencedor da noite. Suspense. Respiração presa. Coração disparado. Aquela poderia ser a minha primeira e última participação como embaixador. Pensei que, se Chico perdesse naquela noite, ainda assim haveria uma comemoração pelo simples fato de ele ter chegado até lá.

O envelope foi aberto. O quê? Eu vi bem o papel na mão de Nascimento? Ouvi direito o que ele anunciou? Sim. Vitória para Chico Xavier!

```
Fiquei feliz, também, pelo fato de o
Brasil não ter deixado de mostrar o
valor de irmã Dulce, que merece todo
o nosso carinho e respeito. A vitória
de Chico foi apertada: 50,5% dos votos.
```

A disputa continua

O programa prosseguiu nas quartas-feiras seguintes. Dos novos vencedores sairiam as novas duplas para disputa, também por sorteio.

A próxima participação com o nome de Chico Xavier foi em 12 de setembro. Mais uma disputa acirrada: foi contra o tão popular Ayrton Senna, um herói para os brasileiros.

O esquema foi o mesmo: sem ensaios, tudo muito dinâmico e espontâneo – e com algumas novidades em relação ao formato do programa anterior, para deixar tudo ainda mais interessante. Mais uma vez, eu estava ansioso, mas consciente de que haveria comemoração mesmo se Chico não fosse o vencedor naquela noite. Era uma situação parecida com aquela das cerimônias do Oscar: um indicado a um dos maiores prêmios do cinema pode não ganhar a estatueta, mas comemora pelo simples fato de ter chegado até ali.

> Terminamos a noite com Chico Xavier mais uma vez vencedor, e com uma margem muito grande de votos: 62,7%, contra 37,3% para Senna. Para ser sincero, depois dessa vitória, passei a ter praticamente certeza de que Chico seria o grande vencedor na final do programa.

A "batalha final" foi em 3 de outubro. Dessa vez, eram três concorrentes, não dois: o Nosso Chico, Santos Dumont e princesa Isabel. Grande disputa!

A congratulação entre os embaixadores – eu, Laurete Godoy e o príncipe dom João Henrique de Orléans e Bragança, bisneto da princesa Isabel – começou nos bastidores, e continuou depois do resultado.

Os simpatizantes de Chico, extremamente ansiosos, começaram a especular sobre o resultado final. Lembravam que Chico não tinha votos apenas de espíritas; milhares de não espíritas haviam votado nele, por respeito e admiração.

> Enfim, depois de alguns meses da pergunta "quem será o grande vencedor?", surgiu o resultado: Chico Xavier eleito o maior brasileiro de todos os tempos!

Eu mal podia acreditar quando me vi no meio da comemoração no palco. Os sorrisos, os abraços, os confetes, as luzes que iluminavam o estúdio.

Os números finais chamaram a atenção. Chico recebera incríveis 71,4% dos votos; Santos Dumont, 17,9%; e a princesa Isabel, 10,7%. Lembre-se de que eram *três* candidatos, não dois, por isso seria natural ter números mais distribuídos entre todos. Conseguir mais de 70% entre três candidatos é muito diferente de conseguir isso entre dois.

A vitória teve um sabor especial também por acontecer em um 3 de outubro, *dia do aniversário de Allan Kardec*. Aquele dia marcava o 208º ano de nascimento do francês que iluminou mentes e almas ao apresentar ao mundo a filosofia espírita. Curioso, não? E... coincidência, apenas?

E a missão continua...

Chico continua a render surpresas para mim. Em abril de 2014, recebi uma interessante carta do *Instituto Chico Xavier*, sediado em Uberaba, assinada pelo presidente, sr. Adalberto Pagliaro Jr. Em consequência da vitória no programa do SBT, o texto referia-se a mim como "amigo e *embaixador*".

A carta era um convite para que eu disponibilizasse o meu extenso material relacionado com Chico Xavier – fotos, documentos, textos, objetos etc. O objetivo era criar, no Memorial Chico Xavier, o *Espaço Saulo Gomes* para a exposição do material ao público.

A humildade do grande vencedor

Hoje, reflito sobre a humildade tão marcante do Nosso Chico. Você leu algumas vezes, neste livro, sobre as reações dele ao ser elogiado e ao ser convidado para eventos importantes. Ele quase "se desmontava", não se achava digno de nada disso. Quando foi convidado para o *Pinga-fogo*, por exemplo, ficou reticente, avaliando que "não era ninguém" para merecer aparecer no programa.

O que ele diria de um programa que o elegeu o maior brasileiro de todos os tempos? *De todos os tempos*, não de um ano, de uma década, de um século. De todos os tempos!

Depois da vitória, a minha rotina virou uma loucura. Perdi a conta da quantidade de *e-mails* e telefonemas que recebi, além das mensagens em redes sociais, como o Facebook. Algumas pessoas fizeram um comentário muito interessante, que eu preciso reproduzir aqui:

"Chico Xavier foi eleito o maior porque ele sempre quis ser o menor."

. * . * .

Carlos Nascimento recebe-me no programa.

CAPÍTULO **13**

A alma de Chico
nas artes

O NOSSO CHICO É PRATICAMENTE UMA UNANIMIDADE. Quando questionadas sobre ele, as pessoas destacam os mesmos pontos: digno, humilde, íntegro, evoluído espiritualmente, bondoso, caridoso. E ergue-se, então, a marca mais forte desse grande homem: um exemplo a ser seguido por todos.

O que nos chama mais a atenção é o respeito que Chico conquista fora do meio espírita. Líderes religiosos de outras frentes reconhecem seu valor sem hesitar.

Pessoas dessas religiões, que rejeitam o espiritismo, abrem exceção para reconhecer os méritos de Chico. Indivíduos sem vínculo religioso nenhum também dizem doces palavras sobre ele. Mais curioso ainda é ver ateus apontarem méritos. É um nível raro de reconhecimento, talvez único no Brasil.

Extrema popularidade não significa, necessariamente, respeito do público em geral. Mas significa no caso de Chico. Por alcançar o topo desses dois conceitos, ele indiretamente pavimentou o caminho do espiritismo em todas as artes. Escritores, atores, diretores, produtores, pintores, escultores, entre tantos outros artistas, mergulharam nisso como inspiração. As artes ganharam, enfim, o colorido da filosofia da caridade e da explicação da vida no além. Com alcance de público cada vez maior, em todas as classes sociais, o espiritismo cresceu vertiginosamente no Brasil.

Quem não se lembra da novela *A viagem*, nos anos 1970? A escritora Ivani Ribeiro ajudou a escancarar o espiritismo para os brasileiros. Um sucesso tão estrondoso que mereceu uma refilmagem nos anos 1990. Depois, muitas e muitas foram as produções espíritas nas TVs e nos palcos de teatro. E atingir as salas de cinema foi consequência natural, atraindo multidões. Daniel Filho, Luís Eduardo Girão, Ana Rosa e o saudoso Nelson Xavier são apenas alguns exemplos de intensa dedicação. Obras como *As mães de Chico Xavier* abraçaram a mente e o coração dos brasileiros. Aliás, a vida do próprio Chico valeu uma produção cinematográfica.

Ao refletir sobre isso, decidi colocar em campo o meu lado repórter.

Conversei com algumas grandes personalidades das artes para enriquecer o panorama sobre o homem reconhecido como o maior brasileiro de todos os tempos.

A jornada começou com um emocionante depoimento do produtor e diretor de TV e cinema Daniel Filho. Incentivado pelo grande desafio de dramatizar uma história sobre um assunto em que não é um crente, ele entregou-se ao projeto do filme *Chico Xavier*. Fascinado, contou a saga de nosso velho amigo, em uma obra--prima que o Brasil esperou ansiosamente para ver nos cinemas.

Daniel Filho

Em 1958, a televisão no Brasil dava seus primeiros passos. Ainda não se sabia o que fazer com esse veículo. Éramos todos jovens, cheios de esperança. Quando chegava o carnaval, as transmissões dos bailes e desfiles das escolas de samba e das "grandes sociedades" ocupavam todos os horários das duas emissoras existentes, TV *Tupi* e TV *Rio*. Foi ali que me aproximei de Saulo, que estava dando nova vida à profissão de repórter na TV. Quando, anos depois, entrevistou Chico Xavier em reportagem exclusiva e ao vivo, marcou uma nova etapa no jornalismo televisivo, e repetiu o feito, quando o trouxe a São Paulo, para ser sabatinado por jornalistas e estudiosos no programa *Pinga-fogo*. E foi a partir desse programa que consegui fazer o filme *Chico Xavier* (2010). O que está no filme, interligando fatos, é o fruto do repórter Saulo Gomes. É a reprodução da matéria desse profissional. Saulo Gomes é um pioneiro que deixou uma marca, que muitos tentam imitar e poucos atingem sua excelência.

Em 2004, Bruno Wainer, da Downtown Filmes, comprou os direitos do livro de Marcel Souto Maior, *As vidas de Chico Xavier*, e me convidou para produzir o filme. Inicialmente eu não ia dirigir. O Rodrigo Saturnino (da Sony, que também estava no projeto desde o início) me convenceu a dirigir. Ele me emocionou ao usar o nome do Augusto César Vannucci. Achei um grande desafio contar uma história sobre um assunto em que eu não sou um crente. E me fascinou o homem Chico, a história e quem ele envolveu. Era diferente de tudo o que fiz. Eu recebi mensagens de apoio e torcida como nunca recebi em outros projetos. E me senti em um grande estádio... onde todos nós, que estávamos fazendo o filme, tínhamos a responsabilidade de não decepcionar a torcida.

O Chico Xavier é uma pessoa muito importante. Ele tem essa dimensão espiritual, essa vibração que faz com que permaneça vivo. Ele fala de paz, humanidade, carinho. Chico dá esperança de poder viver melhor, e isso não é simplesmente uma questão financeira, é viver melhor com você mesmo. É quase que um objetivo analítico. Você não pode mudar o passado, mas pode mudar o final. Chico foi um consolo, no sentido afetivo, de milhares de pessoas. Doou sua existência ao bem. É o maior líder espiritual que o Brasil já teve. O filme que dirigi não é uma ode ao Chico Xavier. Tentei ser honesto com minhas convicções e dizer o que eu achava necessário. Não omiti nada do que eu sabia sobre aquele personagem. Não tenho a resposta para o que foi aquilo. Acho que Chico é maior que tudo.

O Chico Xavier é uma pessoa muito importante. Ele tem essa dimensão espiritual, essa vibração que faz com que permaneça vivo. É o maior líder espiritual que o Brasil já teve. Acho que Chico é maior que tudo.

Nelson Xavier, eu e Daniel Filho nas gravações finais do filme *Chico Xavier*.

Como se diz popularmente, uma coisa leva a outra. Depois desse depoimento, eu precisava conversar com outro produtor: Luís Eduardo Girão. O depoimento dele também alcança fundo a nossa alma. É um bom exemplo de como a filosofia espírita pode mudar radicalmente, para o bem, a vida de uma pessoa.

Luís Eduardo Girão

Nós chegamos a um momento de muitos questionamentos, de muitas dúvidas. A arte transcendental nos inspira a buscar uma nova trajetória de vida. A ter esperança, a acreditar no amor.

O projeto de realização do filme *As mães de Chico Xavier* começou muitos anos antes da série de filmes transcendentais que impulsiona o mercado nacional de cinema. Em 2001, tive síndrome do pânico causado por um vazio existencial. Dedicado quase exclusivamente ao trabalho, com foco na acumulação de bens materiais, identifiquei uma inversão de valores: a família ficava em terceiro lugar, e os amigos, em quarto. Não havia nenhuma preocupação com a espiritualidade, nem religioso me considerava, apesar de ter sido batizado e feito primeira comunhão.

Estava nos Estados Unidos e lá entrei em contato com o livro *Many times, many masters (Muitas vidas, muitos mestres)*, do psiquiatra Brian Weiss, que desenvolveu a linha de terapia de vidas passadas. Nele percebi um bom-senso na transcendência, uma lógica e coerência na reencarnação.

Ao retornar ao Brasil, assisti à peça *O cândido Chico Xavier*, em São Paulo. Era um musical, economicamente despojado, que me tocou profundamente. Foi o meu primeiro contato com o médium mineiro, que me levou a ler e pesquisar sobre o espiritismo e esse grande humanista brasileiro. Chorei feito uma criança durante o espetáculo e senti o poder transformador da arte transcendental. Refleti muito e revi, dali em diante, meus valores e atitudes nesta abençoada escola chamada Terra.

Ainda impressionado com a peça do paraense Flávio Serra, já falecido, levei-a para Fortaleza, minha cidade natal. Mesmo, na época, sem nenhum conhecimento da indústria do entretenimento, a iniciativa foi um sucesso: em apenas um final de semana, 4 200 pessoas assistiram ao espetáculo no tradicional Theatro José de Alencar. Ali, vi as pessoas se emocionarem muito. Novas ideias vieram à minha cabeça.

Em seguida, criamos a Mostra Brasileira de Teatro Transcendental, e logo depois a ONG Estação da Luz. A mensagem de que há algo mais além da matéria está sendo passada e apreendida; de que o sentido da vida é a solidariedade e a fraternidade para com o próximo. É esse o principal objetivo da Mostra. Se fosse só por lucro, com certeza não daria certo.

Do teatro, a Estação da Luz enveredou pelo mundo do cinema. Nazareno Feitosa, policial federal e voluntário das realizações da ONG, foi quem me sugeriu a realização de audiovisuais. O meio permitiria o acesso ainda maior de público. Então surgiu o filme *Bezerra de Menezes – o diário de um Espírito*, que acabou sendo o precursor desse novo gênero do cinema brasileiro – o transcendental.

Dentro dos títulos que marcaram o centenário de Chico Xavier, o filme *As mães de Chico Xavier* também tem uma história singular: o orçamento de 3,8 milhões de reais está longe da produção dirigida por Daniel Filho, *Chico Xavier*, que custou 11 milhões de reais (coprodução da Estação Luz Filmes), e de *Nosso Lar*, cujos gastos chegaram a 20 milhões, o maior orçamento da história do cinema nacional. A surpreendente aceitação de *Bezerra de Menezes*, com modesto orçamento de 2 milhões, foi a deixa para que grandes produtores desengavetassem seus projetos (os já citados *Chico Xavier* e *Nosso Lar*), sem receio de prejuízos. O despretensioso documentário, com pinceladas de ficção, foi quase que totalmente ignorado pelos grandes distribuidores. Não havia ainda nenhuma expectativa comercial positiva sobre esse tipo de obra. Mas o sucesso de público para um longa que contou praticamente com o boca a boca e as listas de e-mails como meio de divulgação surpreendeu a todos: iniciando com apenas 44 cópias lançadas simultaneamente em todas as capitais, mais de meio milhão de pessoas invadiram os cinemas do país para conhecer a vida do médico e espírita cearense. Estava nascendo – e com força – um novo gênero do cinema brasileiro.

A trilogia involuntária que homenageia Chico Xavier completou-se porque cada uma das obras aborda um aspecto diferente. O filme dirigido por Daniel Filho, lançado exatamente no dia do centenário do pacifista, é a sua biografia, sua vida. *Nosso Lar* é uma das principais obras psicografadas por Chico, e *As mães de Chico Xavier* aborda o que mais o gratificava como médium, por mais de quarenta anos: consolar mães e parentes de pessoas que já partiram deste plano para o mundo espiritual, ou seja, o legado de amor que ele nos deixou. *As mães de Chico Xavier* retrata o mandato de amor dele. É o ser humano Chico Xavier próximo da gente.

> Assisti à peça "O Cândido Chico Xavier". Refleti muito e revi, dali em diante, meus valores e atitudes nesta abençoada escola chamada Terra.

Luís Eduardo Girão.

Os dias de conversas emocionantes continuaram com Ana Rosa, atriz tão querida pelos brasileiros. Como milhares de outras mães que perderam filhos, ela encontrou consolo na paz de Chico e usou seus vários talentos de artista para propagar a filosofia do amor.

Ana Rosa

O primeiro romance espírita que li, quando tinha 14 anos, foi *Renúncia*, ditado por Emmanuel e psicografado por Chico Xavier. O contato mais estrito com a doutrina espírita veio em 1962. Trabalhando com Augusto César Vannucci, ele sentiu que eu estava revoltada – meu primeiro filho, Maurício, havia desencarnado aos 14 meses, vítima de leucemia. Aos vinte anos, a experiência de perder um filho me marcou a ponto de eu brigar com Deus. Augusto me deu para ler *O Evangelho segundo o espiritismo*. A partir dali, passei a entender – em parte – o porquê de mortes prematuras e me tornei simpatizante do espiritismo.

Em 1976, fiz uma novela na antiga TV *Tupi: A viagem*. Meu papel era de uma médium que recebia o Alexandre, um Espírito que estava obsidiando a família e precisava de auxílio. Para interpretar a cena, fui com a equipe da novela até Uberaba, onde o Chico Xavier nos recebeu para que assistíssemos a uma sessão de desobsessão. Chico nos deu, praticamente, uma aula sobre desobsessão. Foi meu primeiro contato direto com ele. Saímos de lá, eu e restante da equipe, superemocionados com tudo o que vimos e ouvimos; com tudo o que aprendemos naquele breve tempo que durou a reunião. Mas, principalmente, muito tocados com a energia que todos nós sentimos naquele lugar. Energia que, sem dúvida nenhuma, emanava do próprio Chico.

Minha filha de 18 anos desencarnou em novembro de 1995. No início de 1996, fui a Uberaba com minha filha caçula, para tentar receber uma mensagem de Ana Luísa através da mediunidade do Chico. Para minha tristeza, ele estava impedido de trabalhar mediunicamente, por ordens médicas. Mas, a convite dele e da sua equipe de trabalhadores, participamos da distribuição de alimentos para uma fila imensa de pessoas carentes. Aquele trabalho nos deu uma alegria e satisfação enormes. Nos centros espíritas que já frequentamos, e, sabidamente em todos os centros filiados à FEB, essa é uma prática costumeira, mas estar ali, ao lado do homem que praticamente personificou a caridade e o amor ao próximo, foi um presente que me emocionou e profundamente.

Em 1997, eu e meu marido, o ator Guilherme Corrêa, fizemos a adaptação para o teatro do livro *Violetas na janela*, de Vera Lúcia Marinzeck de Carvalho. Em 1998, fomos nos apresentar em Uberaba e nos encontramos com Chico. Elementar: ir a Uberaba e não ver o Chico Xavier era o mesmo que ir a Roma e não ver o Papa. Nós o convidamos para nos assistir, coisa que ele não pôde fazer, pois sabia que se tornaria o foco das atenções. Tomamos chá com ele e, sobre o texto, comentou com aquela sua meiguice e mineirice: "Ah! é da Verinha. Muito bem. Vocês vão colocar as violetas numa janela de luz!"

O espetáculo ficou por mais de doze anos viajando pelo Brasil, e em todos os lugares onde nos apresentamos, creio que era isso mesmo que fazíamos.

Um ano depois, em 1999, Flávio Serra, um dos dirigentes do grupo intitulado Cia. do Caminho, me convidou para dirigir um espetáculo montado por eles, cujo título foi *O cândido Chico Xavier*. O roteiro foi fruto de uma pesquisa do grupo baseada no livro de Ramiro Gama *Lindos casos de Chico Xavier* que o próprio Flávio assinou. Aceitei a incumbência com uma condição: que o Chico lesse o roteiro e nos desse sua aprovação. Não me sentia segura para fazer qualquer obra relativa a essa figura tão importante sem que ele próprio nos desse seu aval. Assim, falei com o filho dele, Eurípedes, e com Cristina, sua mulher à época, e pedi a eles que passassem o texto para Chico. A resposta foi positiva e o texto aprovado; logo, iniciamos o trabalho. O espetáculo está até hoje viajando pelo Brasil.

Ainda tive o privilégio de, através do cinema, poder contar um pouco da vida desse ser especial no filme *Chico Xavier*, de Daniel Filho, onde faço o papel de Carmen Perácio. Tendo sido a médium a apresentar-lhe o espiritismo, sabemos da importância de Carmen na vida de Chico. Como estudante e praticante da doutrina espírita, desde 1977, mantenho contato assíduo com as obras psicografadas por ele. E me julgo uma felizarda por ter podido conhecê-lo e travar pessoalmente com ele, ainda que por poucas vezes. Embora desencarnado, Chico continua vivo em nossos corações e mentes, através de suas mensagens.

> **Embora desencarnado, Chico continua vivo em nossos corações e mentes, através de suas mensagens.**

Ana Rosa.

Meu trabalho em campo terminou com uma arrepiante entrevista com o saudoso ator Nelson Xavier. Um dos maiores atores do Brasil, ele arrancou lágrimas do povo ao interpretar, duas vezes, Chico no cinema.

Nelson Xavier

[SAULO GOMES] Nos pouco mais de trinta anos de convivência com Chico, eu descobri muitos e muitos segredos de Chico Xavier. Alguns já pude revelar em trabalhos como o *Pinga-fogo com Chico Xavier*, e contarei mais detalhes. Mas hoje, meu Chico Xavier é outro. É este moço que aqui está, Nelson Xavier.

Eu registrei Chico Xavier em dezenas de entrevistas, e no dia 22 de agosto de 2009, quando Daniel Filho me convidou para ir à Casa da Prece em Uberaba, à Casa da Sopa e ao abacateiro para assistir às filmagens das entrevistas, eu tenho comentado, Nelson, a emoção que eu tive, o choque que verdadeiramente eu tive ao te encontrar ali naquele jardim, no meio daquelas flores todas. Rosas, aquelas roseiras plantadas, cultivadas, sempre com o carinho e a presença de Chico Xavier. E aí eu fiquei realmente impressionado com a sua imagem, porque eu revi o meu amigo Chico Xavier aos 58 anos de idade de 1968.

Nelson, eu não sei que emoção você sentiu, queria que você dissesse para nós.

[NELSON XAVIER] [visivelmente emocionado] Saulo, você falando assim já... Desculpe... na verdade, eu não devo pedir desculpas... É uma coisa muito diferente... Eu acho que isso resume um pouco de tudo o que eu lhe posso testemunhar. Porque meu contato com o Chico é assim...

Agora que você falou dele, me trouxe a imagem do jardim, acho que foi o último dia de filmagem...

Pois é, 22 de agosto, último dia.
Você é muito bom de datas.

Você desceu do carro, passou pelo meio do povo sendo aplaudido, entrou no jardim da Casa da Prece. Foi lá, fez a sua oração e depois você voltou e sentou exatamente no banco onde o Chico Xavier gostava de ler o seu *Evangelho*, ler a sua obra, ler algumas cartas, algumas psicografias. Você viveu um momento de emoção no banco de preferência de Chico Xavier... E agora a história é com você.

Eu acho que, então, ele me conduziu, porque ninguém me disse que aquele lugar era dele. Enfim... Mas é isso, eu na verdade descobri o Chico assim... me emocionando. Chegando nos lugares que ele passou, que ele viveu, as pessoas... Me lembro do meu primeiro dia em Uberaba que eu conheci a casa dele. Cada encontro era isso, eu era transportado. Foi assim, exatamente assim, por esse caminho da emoção que eu comecei a identificar o Chico. Então é ele, tem que ser ele, não tem outro. Essa

Nelson Xavier emocionado durante a minha entrevista.

luz que está me envolvendo, essa emoção que está me arrebatando só pode ser a presença de uma força muito forte.

Em algum momento você pensou que isso pudesse ocorrer na sua vida? Como artista, ter vivido tantos personagens, alguns de muita expressão, de muita lembrança. Você viveu a figura do cangaceiro etc. Você viveu muitos personagens marcantes, em muitas novelas, em filmes, e eu pergunto: que grau você colocaria esse personagem hoje? Nelson Xavier, o Chico Xavier? Vou facilitar para você, numa escala de 5 a 10?
É máxima, eu nunca tive uma experiência dramática como essa. Digamos que seja uma experiência dramática. Que ultrapassou os limites do drama e ficou existencial. Por exemplo, quando um ator faz um personagem, quando um artista encarna um personagem, ele constrói, pesquisa, faz, interpreta, realiza e abandona. Evidentemente que eu abandonei a interpretação, mas eu não abandonei o que eu ganhei com ela. Eu acho que sou uma pessoa diferente agora, eu costumo brincar que sou um novo Nelson.

É um Nelson antes e depois de Chico Xavier.
Exatamente. Eu acho mesmo que seria difícil que uma pessoa atravessasse o que eu atravessei e continuasse do mesmo jeito como era antes. Uma experiência profunda para ser esquecida ou passada para o arquivo. Eu realmente acho que sou uma pessoa melhor, sim.

Isso é consequência das missões que sobraram para você da sua interpretação em *Chico Xavier*, o filme. Agora você é Chico Xavier em *As mães de Chico Xavier*. Quais os momentos de mais emoção, de destaque? O que de diferente você viveu até chegar a incorporar o personagem Chico Xavier naquele filme e neste agora? Há alguma diferença do Nelson Xavier do *Chico Xavier*, o filme, para o Nelson Xavier em *As mães de Chico Xavier*?
Há. Primeiro eu tenho que contar a história de que eu não queria fazer. Quando apareceu o convite, eu disse: "Imagine, tá pensando o quê?"

Eu... não cheguei a ficar indignado... Mas já? Chama o Nelson para fazer Chico... eu achei meio desrespeitoso. Eu disse: "Eu entrei nesse universo extraordinariamente pleno de amor, de caridade, de generosidade que era o Chico. Para mim, ele é a pessoa que cumpre o mandamento de Cristo: amai-vos uns aos outros como a vós mesmos." Eu nunca imaginei encontrar uma pessoa que vivesse isso... Bom... então conheci isso, né? Não posso repetir isso toda hora. Não posso me tornar um profissional de Chico. Achei que seria um desrespeito, uma leviandade. Mas como eles insistiram, então eu quis conversar com a pessoa que iria fazer... aí é que eu até me dispus a ler e vi que era uma outra idade, um outro momento da vida dele, não era uma entrevista na televisão. Era um momento mais descontraído, eram só contatos com as outras pessoas que o procuravam, com as mães, com os frequentadores da Casa da Prece, amigos. Ainda bem que eu mudei de ideia! Imagine, eu já achava

No final das gravações do filme *Chico Xavier*, flagrei Nelson Xavier repetir inconscientemente comportamento que Chico tinha.

que era um prêmio ter feito a primeira vez, esse era um segundo prêmio. O segundo foi realmente a experiência acumulada do primeiro. No primeiro, eu estou estreando nele. Nesse, não, eu já estou com ele. Já é uma coisa familiar.

Nesse, o Chico Xavier já está mais presente.
Está mais tranquilo, porque está mesmo mais descontraído. E tem uma coisa que eu resgatei que eu sentia falta na minha primeira interpretação: ele quase não ria. Nesse, o Chico vivia alegre. Como aliás, eu percebi, ele me fez descobrir a maneira como ele viveu, a maneira de dar alegria. Todas as pessoas santificadas são alegres. A santidade alegra. É alegria, é felicidade. Ele não para de rir. Está sempre feliz. A alegria de viver. É evidente, no nível que eles vivem, né?! Uma coisa que a gente imagine de paraíso, de nirvana, sei lá que nome se pode dar. Eu vi isso também algum tempo atrás… parecido com isso, muito parecido… fazendo uma espécie de terapia crânio-sacral, você sai num estado de plenitude, de gratidão por estar vivo, é uma coisa tão plena. Ele vive nisso e eu acho que esse Chico tem. Uma pessoa feliz, feliz! Resgatou um pouco esse lado. De certo modo, eu quase que gosto mais desse do que do outro.

E nessas andanças, especificamente, *As mães de Chico Xavier*. Como disse, em Uberaba, no pré-lançamento do filme, eu tive a oportunidade de entrevistar uma atriz, a Ana Cristina, lá de Fortaleza, que foi a secretária, a governanta de Chico Xavier, fazendo aquele personagem da vida real de Chico no filme com você em Pacatuba. Ela contou uma história para o auditório no cinema em Uberaba e depois contou para nós. Queria que você contasse alguma coisa, porque o Chico era exatamente aquilo. Às vezes nós chegávamos com o Chico em alguma cidade, eram muitos bilhetinhos que colocavam no bolso dele, e os pedidos constantes de todas as formas e de todas as pessoas, de todas as idades. Como é que você viveu esse momento em Pacatuba? Como é que você me conta?

Eu não percebi bem na hora, eu achei o negócio depois. Minha memória é meio falha. Mas também não me lembro se isso se repetiu ou se teve mais algum bilhete. Mas teve mesmo, me confundiram, quer dizer, eu acho que esses personagens têm isso. A força do Chico que faz isso, essa espécie de magia. As pessoas não acreditam que eu tenha ido, então confundem com você. Isso, aliás, aconteceu também com Lampião em Piranhas. Estávamos numa feira, o Lampião apareceu e uma senhora achou que eu fosse ele. É uma coisa que eu não sei explicar.

Você está viajando o Brasil, além de ter vivido aqueles locais de locação para o filme. Quase todo ele desenrolado em várias localidades do Ceará e lá em Pedro Leopoldo. Durante as filmagens, principalmente agora que você é o revivido Chico Xavier em *As mães de Chico Xavier*, já ocorreu alguma coisa diferente, curiosa que você possa revelar para a gente?
Além desse caso de Pacatuba, teve uma pessoa que se revelou médium no elenco. A Renata, uma moça paulista, ela era médium vidente. Conversávamos num intervalo de filmagem e eu me aproximei dela, nesse papo que eu tinha curiosidade em saber como é que tinha sido essa experiência. Num certo momento, ela me disse: "Ele está ao seu lado!" Nossa! Eu quase desabei ali, isso pra mim foi muito marcante!

E você pressentiu que Chico estava ao seu lado?
Não! Eu nem pensei... essa coisa me arrebatou e solucei, solucei, solucei.

Em relação ao Chico, o seu sentimento quando está atuando, todo esse envolvimento. É de irmão, sentimento de um pai que quer bem ao filho, quando você o assume representando. Que sentimento você tem com o Chico?
Pois é, é uma pergunta boa essa, e você sabe que eu também me pergunto por que eu não sei definir. É só uma emoção muito forte. Não dá para pensar, não dá para identificar. Normalmente, eu choro. Eu passei a identificar como sendo ele. Eu tenho um histórico. Eu sou filho de uma

espírita. Não lembro quando minha mãe foi para o espiritismo, mas foi bem cedo. Menino de calça curta, eles me levaram... eu já não me lembro mais... me levaram a um centro espírita e eu conversei com a entidade, eu era metido à beça... alguma coisa assim, com uma certa luz, uma certa luminosidade na sala escura. E tinha uma voz meio sibilada, eu fazia perguntas... bem arrogante como sempre... e ela continuou pela vida toda me chamando para ir, mas eu nunca quis saber. Então, eu sempre considerei como verdadeiros esses contatos, essas forças, esses fenômenos. Só que nunca liguei para isso, nunca me interessei! Só agora que o Chico me fez prestar atenção, respeitar... Afinal, eu rezo hoje todos os dias, por causa disso. Mas afinal eu não sei identificar esse sentimento. Eu só percebo a presença ou então uma luz que ele me lança.

Você está lendo obras do Chico?
Não muitas, não.

O Chico sempre teve um sentimento de gratidão muito grande com as pessoas. Eu fico imaginando o quão ele é grato a você. Em representá--lo da forma que você tem feito, que você fez... levando tanta coisa boa...
Eu que sou grato por ele ter me escolhido e permitido que fizesse. A propósito, naquela exibição de Pedro Leopoldo, na saída, aproximou--se uma pessoa até meio manca, um idoso, usando uma bengala. Falou comigo assim até com certa dificuldade: "Eu vou mandar um presente bonito para você, lindo, uma coisa linda." Eu disse: "Tá bom!" Algum tempo depois, eu recebi uma correspondência, ele era sobrinho do Chico e contava uma história de que desde menino o Chico chamava-o para assistir aos episódios de Lampião na televisão. Era o Caio Lúcio. Ah! depois eu fiquei muito impressionado com isso, porque descobri que o Chico era meu fã! Ele relatava na carta que o Chico chamava: "Vamos lá, tá na hora, vamos assistir..."

Então o Chico sabia quem eu era! Quando eu comecei a sentir isso, a primeira entrevista que dei lá em Uberaba mesmo, eu disse: "Eu sou grato por ter sido escolhido!"

Isso é parte dos bastidores. E essa é a nossa intenção para o meu livro. Então eu gostaria que você procurasse recordar alguns outros momentos desses bastidores. Em Pedro Leopoldo, você viveu isso com o Caio Lúcio. E em outras cidades, durantes essas filmagens, durante as apresentações, você lembra outros episódios, coisas como essas que você tenha vivido com seus colegas de filmagem?

Eu gostei muito de conhecer a Cidália. A Cidália é muito parecida com a minha mãe. Minha mãe velhinha também era assim vaidosa. Aliás, quando eu cheguei lá, ela não estava. Estava no cabeleireiro. Ela chegou toda enfeitadinha, uma velhinha bonita como ela era. E eu disse isso a ela. E aí as pessoas brincavam que nós tínhamos o mesmo sobrenome, mas não somos parentes. Aí ela disse uma coisa que também me fez chorar à beça... "Ah! vamos ser parentes, vamos!" Foi muito bonito!

Você sabe trabalhar muito bem as emoções. No entanto, com o Chico, há um arrebatamento extraordinário. Isso, para um profissional experiente com tantos anos de interpretação, deve ser algo totalmente diferente.

É algo novo, porque eu não busquei isso. Eu estava em Uberaba, evidentemente para pesquisar sobre o Chico. Mas quando se faz isso... quando eu fiz com o Lampião, por exemplo. A semelhança é por serem pessoas que existiram, e não ficção. É como se a pesquisa fosse um ato, é uma coisa ativa em relação ao personagem. E o que eu senti com o Chico foi o contrário, eu me senti passivo. É como se ele tivesse vindo em minha direção e não eu na dele. Eu fui alcançado por uma vibração, aliás, a toda hora eu sou.

Percebemos assim uma emoção que toca todo mundo que envolve você. Você se recorda de alguma emoção que bateu mais forte durante as filmagens?

Na leitura das cartas, na cena, ao fazer o Chico, ao interpretar, me aproximava de uma graça, de um bem-estar muito próximo. Aquela coisa sem temores, sabe... quando não há nada a temer. O oposto do que a gente vive. Não há pressão...

No primeiro filme, os diálogos, o *Pinga-fogo*, nós tivemos Chico que é sempre coração, mas se dirigindo ao povo sendo razão. As coisas que ele estava passando com muito bom-senso, lógica. E no *As mães de Chico Xavier* a temática é a perda de entes queridos, as cartas, levando conforto, esclarecimentos, então ele é totalmente coração. E atuando nesse trabalho e fazendo um paralelo na sua vida familiar, mãe, parentes de forma geral, com a questão da perda. O que isso toca quando se fala em perder um ente querido?
Você sabe que eu nunca trouxe para mim isso. Eu perdi minha mãe há uns dez anos. Foi uma coisa esperada, ela já estava com 89 anos. Estava doente. Eu vivi mais o resgate com a relação dela depois do Chico porque o Chico me obrigou a lembrar que eu havia sido injusto com ela em relação ao espiritismo. Pedi muito perdão a ela por isso. Uma outra perda que foi muito dolorosa, bastante anos antes, foi a da minha avó. Eu tinha uma relação muito forte com ela, porque quando eu nasci minha mãe não tinha leite, e eu fui amamentado pela minha avó. Foi a grande perda inicial da minha vida. Mas nesse contexto do filme, eu não relacionei comigo. Nunca vivi isso.

Dentro dessa temática, você possivelmente tinha uma visão sobre o que era a morte, como encarar a morte. Depois do envolvimento com o Chico, todas as histórias dos filmes, houve uma certa mudança nesse sentido? Há mais tranquilidade, há indiferença?
Eu sou uma pessoa complicada porque eu não sei responder sim ou não às perguntas. Eu tenho que contar a história... Faz um seis ou sete anos que eu descobri que tinha câncer na próstata. Antes de toda essa experiência. Essa notícia me jogou num abismo. A pior notícia que eu vi na vida. Fui medicado, enfim... Até contei essa história em Manaus, outro dia... A Via [Negromonte] foi meu apoio nessa hora. A Via é uma pessoa espiritualizada, que cultua esse lado, e me apoiou nessa hora.

Porque eu, ateu, fazendo a medicina convencional, de repente vendo a possibilidade de recorrer às forças espirituais. "E agora, Nelson? Você não acredita em nada, você é ateu!" Acabou me convencendo a procurar ajuda. O Jerry Adriani, que eu mal conhecia, foi muito prestativo. Me levou de carro ao Frei Luiz no Rio, e diante do médium, da entidade, eu pensei que estava no lugar errado, eu não me sentia autorizado a recorrer a essas forças que eu sempre desrespeitei, ignorei. Em um certo momento, era uma entidade que falava com sotaque francês. E ele perguntou: "Você acredita em Jesus Cristo?" Eu disse: "Cristo pra mim sempre foi a pessoa que primeiro disse 'amai-vos uns aos outros'." Pra mim, de esquerda, era uma bandeira que sempre inspirou todas as doutrinas socialistas. Então me agarrei nisso, mas eu me sentia mentiroso, porque eu não tinha fé. Como é que vou dizer que eu acredito, eu tô mentindo. Eu fiquei realmente… mas disse sim! Menti! E tratei de ver o que havia comigo. Bom… o tratamento seguiu e algum tempo depois o médico disse para a Via que não esperava muito tempo pra mim não… A próstata estava toda tomada e ameaçando passar para outros órgãos, que ele não me dava muito tempo. Mas ele não me disse isso. Fiz a radioterapia. Mais tarde, anos depois, ele falou que minha recuperação foi extraordinária. Depois dessas sessões, eu não percebi melhor naquilo. Minha crença mesmo não me ajudou.

Eu sei que com o passar do tempo, hoje eu administro esse negócio da próstata com remédios, isso já não me abala mais. Então, foi nesse momento que, ao cair nesse abismo, eu não pensei na morte, eu tenho a impressão que eu nunca tive medo da morte, mas evidentemente que uma coisa dessas te dá uma visão de que o fim está perto. A noção de finitude. Mas não propriamente o medo da morte. Eu sempre me achei um touro em saúde. Doença para mim não tinha sentido, doença para mim era uma coisa inconsciente, os outros pensam que são doentes, eu nunca vou ser. Então essa surpresa que me desamparou muito. Mas eu não lembro de ter medo ou pensar na morte.

Um dia até numa exibição no Rio, uma atriz que não sou capaz de me lembrar, disse: "Nossa! Você inspira tanta bondade, tanta calma, tanta serenidade... e eu tenho tanto medo da morte." Eu não sei por que ela me disse isso, eu estranhei... Eu não vivo esse negócio, eu custei a entender. Era uma vedete conhecidíssima... e ficou insistindo no tema medo da morte.

Como seus familiares estão vendo agora o Nelson Xavier? Eu tomo por base porque eu sou testemunha do abraço emocionado entre você e sua família quando o Daniel Filho pôs o ponto final na gravação do filme. Sua filha sentada na Casa da Prece, naquele local onde eu vi o Chico dar tantas bênçãos, onde eu vi tantas orações e pessoas emocionadas chorando ao receber uma mensagem do Chico, e por acaso numa daquelas cadeiras sua filha estava lá. O que ela pensou e passou a pensar de você a partir dali?
Ela é minha testemunha de que eu estou mudado. Ela confirma. Bem mais paciência, bem mais tolerante, bem menos severo. É isso, bem mais paciente mesmo.

Nessa experiência envolvendo o Chico, de lá para cá, teve algum sonho que você se lembre que foi marcante, de fundo espiritualista ou alguma coisa assim?
Não, não me lembro. Me lembro muito pouco de sonho. Quando lembro, anoto pra mim, mas nada marcante.

O que você, Nelson Xavier, diria agora para as mães de Chico Xavier? As que você conheceu, personagens reais do filme? E naturalmente, as muitas histórias que você soube daquelas mães que perderam de forma trágica os filhos e que tiveram o alento através das mensagens psicografadas pelo Chico. O que você, Nelson Xavier, diria para essas mães?
Desde muito tempo, eu sempre achei que a maior dor era alguém perder. Mesmo antes de ter filho – eu tenho quatro. Então, esse papel do Chico de permitir que a mãe saiba que ele ainda está vivo, que foi também a vivência que eu tive, porque eu não acreditava, apesar de acreditar em todos os fenômenos do espiritismo. A reencarnação eu tinha dúvidas...

esse negócio para mim não me convenceu muito não. Eu achava que a gente a se desligar disso daqui fundia-se numa totalidade inconsciente. Não é por uma razão lógica, mas agora eu acho que a gente conserva a consciência, a individualidade. Então, a mãe perder e de repente reencontrar um filho é realmente uma coisa suprema! Uma coisa assim capaz de converter mesmo uma alma. Tem a força de fazer acreditar. É a esperança que o kardecismo dá. A grande esperança de permanência, de futuro, de melhora, de esperança...

O Nosso Chico

Esse é o Nosso Chico. Consolando almas, acalmando dores, pacificando mágoas. Alimentando mentes, corações e espíritos. E assim continua, apesar de não estar fisicamente entre nós, porque seu legado gera frutos todos os dias, inclusive nas artes.

. * . * . * . * . * .

"Nasci para fazer o bem e peço a Deus que me conserve assim. Nasci para servir."

Chico Xavier

Obrigado por tudo, meu querido Chico. Tal como Kardec, você iluminou mentes e almas.

Esse
é o Chico.
Para sempre,
o Nosso
Chico.

NOSSO CHICO

© 2018 by InterVidas

InterVidas

DIRETOR GERAL
Ricardo Pinfildi

DIRETOR EDITORIAL
Ary Dourado

CONSELHO EDITORIAL
Ary Dourado, Julio Cesar Luiz,
Ricardo Pinfildi, Rubens Silvestre

DIREITOS DE EDIÇÃO
Editora InterVidas (Organizações Candeia Ltda.)
CNPJ 03 784 317/0001–54   IE 260 136 150 118
Rua Minas Gerais, 1520 Vila Rodrigues 15 801–280 Catanduva SP
17 3524 9801   www.intervidas.com

DADOS INTERNACIONAIS DE CATALOGAÇÃO NA PUBLICAÇÃO
(CIP BRASIL)

G6332n

GOMES, Saulo [*1928].
Nosso Chico / Saulo Gomes. – Catanduva, SP: InterVidas, 2018.

296 p. : il. ; 15,5 × 22,5 × 1,5 cm

ISBN 978 85 60960 17 0

1. Chico Xavier.   2. Saulo Gomes.   3. Biografia.
4. Espiritismo.   5. Jornalismo
I. Título.

CDD 133.93   CDU 133.7

ÍNDICES PARA CATÁLOGO SISTEMÁTICO
1. Chico Xavier : Saulo Gomes : Biografia : Espiritismo : Jornalismo
133.9

1.ª ed. premium e especial | out./2018 | 20 mil exemplares

COLOFÃO

TÍTULO	*Nosso Chico*
AUTORIA	Saulo Gomes
EDIÇÃO	1.ª premium
EDITORA	InterVidas (Catanduva SP)
ISBN	978 85 60960 17 0
PÁGINAS	296
TAMANHO MIOLO	15,3 × 22,5 cm
TAMANHO CAPA	15,5 × 22,5 × 1,5 cm (orelhas de 9 cm)
CAPA	Andrei Polessi
ILUSTRAÇÃO DA CAPA	Zé Otávio
ADAPTAÇÃO DA CAPA	Ary Dourado
PREPARAÇÃO DE ORIGINAIS	Glauco Damas
REVISÃO	Beatriz Rocha
PROJETO GRÁFICO	Ary Dourado
DIAGRAMAÇÃO	Ary Dourado
IMAGENS	acervo pessoal do autor e reprodução de impressos e de digitais
TIPOGRAFIA TEXTO PRINCIPAL	[TypeTogether] Adelle Light 10/16
TIPOGRAFIA INTERTÍTULOS	[TypeTogether] Adelle [Regular, Bold] 10/16
TIPOGRAFIA DESTAQUES	[Lukas Krakora] vVWweRraType! 14/16
TIPOGRAFIA CITAÇÕES	[TypeTogether] Adelle [Light, Semibold] 9/[14,16]
TIPOGRAFIA NOTAS LATERAIS	[TypeTogether] Adelle Bold 8/12
TIPOGRAFIA TÍTULO	[Lukas Krakora] vVWweRraType! 30/32
TIPOGRAFIA CAPA	[Lukas Krakora] vVWweRraType! e [TypeTogether] Adelle
MANCHA	103,33 × 162,5 mm, 29 linhas (sem título corrente e fólio)
MARGENS	17,2:25:34,4:37,5 mm (interna:superior:externa:inferior)
COMPOSIÇÃO	Adobe InDesign CC 13.1 (Windows 10)
PAPEL MIOLO	ofsete Suzano Alta Alvura 75 g/m²
PAPEL CAPA	papelcartão Suzano Supremo Alta Alvura 300 g/m²

CORES MIOLO	2 × 2 – preto e ciano escalas
CORES CAPA	4 × 1 – CMYK × ciano escala
TINTA MIOLO	Seller Ink
TINTA CAPA	Seller Ink
PRÉ-IMPRESSÃO	CTP em Platesetter Kodak Trendsetter 800 III
PROVAS MIOLO	HP DesignJet 1050C Plus
PROVAS CAPA	HP DesignJet Z2100 Photo
PRÉ-IMPRESSOR	Lis Gráfica e Editora (Guarulhos SP)
IMPRESSÃO	processo ofsete
IMPRESSÃO MIOLO	Heidelberg Speedmaster SM 102 2P
IMPRESSÃO CAPA	Komori Lithrone S29
ACABAMENTO MIOLO	cadernos de 32 e 8 pp., costurados e colados
ACABAMENTO CAPA	brochura com orelhas, laminação BOPP fosco, verniz UV brilho com reserva
IMPRESSOR	Lis Gráfica e Editora (Guarulhos SP)
TIRAGEM	20 mil exemplares (premium e especial)
TIRAGEM ACUMULADA	20 mil exemplares (premium e especial)
PRODUÇÃO	outubro de 2018